우리 아이가 너무 빨리 자라요

우리 아이가 너무 빨리 자라요

초판 1쇄 인쇄 2013년 03월 25일
초판 1쇄 발행 2013년 04월 05일

지은이 고시환 | 발행인 김시연 | 편집인 박용환 | 출판팀장 신수경 | 편집 한지은
디자인 박수진 | 마케팅 박종욱 | 제작 주진만
발행처 ㈜서울문화사 | 등록일 1988년 12월 16일 | 등록번호 제2-484호
주소 서울시 용산구 한강로2가 2-35 (우)140-737 | 편집문의 02-791-0704 | 구입문의 02-791-0756
팩시밀리 02-749-4079 | 홈페이지 http://books.ismg.co.kr | 이메일 book@seoulmedia.co.kr

ISBN 978-89-263-9344-4 (13590)

＊책값은 뒤표지에 있습니다.

갑자기 너무 빨리 자라는 아이에 관해 엄마가 알아야 할 모든 것

우리 아이가 너무 빨리 자라요

고시환 지음

서울문화사

PROLOGUE

너무 빨리
어른이 되어버린
아이들

소아 내분비 전문의로 의사의 길을 걷기 시작한 것은 1990년대 중반의 일입니다. 벌써 20년 가까이 된 일이지요. 그때만 해도 소아 내분비 전문의가 다루는 질환은 갑상선 질환이나 소아 당뇨, 소아 비만, 성장에 관련된 것이 대부분이었습니다. 그런데 2000년대 들어서면서부터 진료실을 찾은 아이들 중 성조숙증이 의심되는 사례가 하나둘 늘어나더니 어느 순간부터 성조숙증으로 병원을 찾는 예가 폭발적으로 늘어났습니다.

그동안 성조숙증을 진단, 치료하면서 지켜본 결과, 성조숙증의 변화에 대해 알게 됐습니다. 소아 내분비 전문의로 출발할 당

시에도 성조숙증은 있었습니다. 그런데 그때는 대부분 유전에 의한 것이었습니다. 부모가 또래보다 빨리 2차성징을 겪었다면 자녀 또한 다른 아이들에 비해 2차성징이 더 빨리 나타난다는 것이지요.

안타깝긴 하지만, 입력된 정보를 착실히 따르는 유전자의 영향을 받는 것이니만큼 사람의 힘으로는 어쩔 수 없는 일이었습니다. 아이에게 "너에겐 아무 문제가 없단다"라고 안심시키고 성호르몬 활동이 왕성해지지 않도록 하는 생활 습관과 사춘기 시작 연령에 따라 성호르몬 분비를 조절하는 치료로 관리해주는 것 외에는 방법이 없었죠.

그런데 최근 10년 사이에 성조숙증으로 병원을 찾는 환자들을 살펴보면서 큰 변화를 발견하게 되었습니다. 아이의 생활 습관, 식습관, 생활환경 등이 복합적으로 작용하면서 성조숙증이 나타난 예가 눈에 띄게 늘어난 것입니다.

이 과정에서 원래 유전적 소인이 있는 아이들은 증세가 더욱 빠르게 나타나며, 유전적 소인이 없는 아이들도 성호르몬 분비가 촉진되면서 나이에 비해 빨리 어른이 됩니다. 아직 2차성징을 맞이할 몸과 마음의 준비가 되어 있지 않은 아이들이 알맹이는 그대로 어린이인 채 몸만 어른이 되어버리는 것입니다.

아이들은 자신의 몸이 달라졌다는 것을 쉽게 받아들이지 못하고 혼란을 겪습니다. 부모도 마찬가지입니다. 아직 먼일이라고만 여겨온 내 아이가 갑작스레 2차성징을 보였다는 것에 부모도 큰 충격을 받고 아이만큼, 어떤 의미에선 아이보다 더 큰 혼란을 경험합니다.

내 아이에게 무슨 일이 생겼는지 제대로 인식하지 못한 채 우왕좌왕하면서 아이의 변화에 적절히 대응하지 못함으로써 변화에 따른 책임과 부담을 아이가 혼자서 짊어지게 만듭니다.

모두 성조숙증에 대해 제대로 알지 못해 생기는 오류입니다.

개중에는 아이의 빠른 2차성징에 대해 '자연스러운 일'이라며 포기하는 부모도 있습니다. 의사 입장에서 보면 매우 안타깝고, 충분히 대화해 이해를 도와야 한다는 의무감을 느끼게 합니다.

성조숙증은 결과이지 원인이 아닙니다. 성조숙증을 불러온 원인이 있고, 임상 소견과 필요한 검사 등을 통해 진단할 수 있는 질병입니다. 감기나 급체 같은 가벼운 질환도 확실한 대비책을 마련해 아이의 건강을 지켜주듯 아이의 일생에 걸쳐 영향을 미칠 수 있는 성조숙증 역시 방치하거나 간과하지 말고 치료 방법을 찾아야 합니다.

이 책을 통해 많은 부모님들이 성조숙증은 진단으로 발견할 수 있고, 조기 발견하면 치료로 이어져 증상을 예방하거나 늦출 수 있다는 사실을 인지하고, 적절한 조치를 취하기 바랍니다.

그간 크고 작은 책들이 제 이름으로 출간된 게 벌써 22권 째가 됩니다. 출간을 할 때면 항상 부끄러움과 감사함을 느끼게 됩니다. 가지고 있는 작은 생각을 세상에 보여줄 기회를 준 출판사, 책 발간에 도움을 준 병원의 이지혜 영양사와 병원식구들에게, 그리고 운동에 대한 도움을 준 2X 피트니스 이재환 트레이너에게 감사의 마음을 전합니다. 끝으로 소아 내분비 전문의 이전에 아빠로서 건강하고 밝게 자라준 소중한 두 아이 연경이와 류형이에게 사랑의 마음을, 두 아이를 보듬어주고 가정을 이끌어준 아이들 엄마에게 감사를 전합니다.

CONTENTS

PROLOGUE
너무 빨리 어른이 되어버린 아이들 • 4

1 어느 날 갑자기
아이에게 찾아온 변화
 –성조숙증에 대해 당신이 알고 싶은 모든 것

부모가 빠르면 아이도 빨라요 • 17
아이 성격이 조급해졌어요 • 22
밥보다 빵이 더 좋았던 여자아이 • 25
병원이 싫은 아이들 • 30
골 연령이 정상이면 안심할 수 있을까? • 34
가슴이 나오면 무조건 성조숙증? • 37
치료 중에도 계속 진행되는 증상 • 39
가슴 달린 아들 • 42
조기 유학의 엄청난 스트레스 • 44
갑자기 찐 살 • 46
배만 볼록한 우리 아들 • 49
우리 아들 최종 신장이 겨우 160센티미터? • 51
엄마를 고민에 빠뜨린 아들의 하얀 액체 • 54
왜 이렇게 키가 자라지 않을까? • 56
호르몬 주사 때문에 아들 젖꼭지가 커졌어요 • 59
가슴 멍울이 잡히는데 왜 정상일까요? • 62
사춘기 초기에 시작한 치료도 나름 효과가 있다 • 64

2 성장의 속도 위반, 성조숙증
　-성조숙증의 진단과 치료

　　빨라도 너무 빠른 우리 아이 2차성징 • 69
　　여자아이의 2차성징 • 75
　　남자아이의 2차성징 • 78
　　진성 성조숙증, 가성 성조숙증 • 82
　　성조숙증, 왜 생기나 • 85
　　영양 불균형에 따른 성조숙증 • 88
　　환경호르몬이 앞당긴 아이들의 신체 시계 • 91
　　성조숙증을 유발하는 GnRH • 93
　　성조숙증 진단 • 96
　　성조숙증 자가 진단 • 106
　　왜 성조숙증 치료가 필요할까요? • 111
　　호르몬 주사로 바로잡는 아이의 성장 속도 • 115
　　영양 관리도 중요한 치료 • 118

3 성조숙증 치료가 어려운 진짜 이유
　-성조숙증에 대한 오해와 진실

　　조숙한 게 병?
　　할머니 상식으론 이해가 안 간데요 • 123
　　잘 크고 있는 애를 고생시키는 건 아닐까요? • 126

의사의 과잉 진료가 아닙니다 • 130
성조숙증 진단, 제발 전문의에게 맡겨주세요 • 134
동업자가 더 무섭다 • 139
엄마 마음대로 고무줄 치료 • 142
민간요법은 치료가 아닌 도움을 주는
보조 요법이다 • 146
보호자가 치료를 거부한다면? • 148
치료를 해도 증상이 사라지지 않는다 • 153
대학 병원, 종합병원과 개인 병원 선택의 차이 • 157

4 우리 아이 고장 난 성장 시계, 엄마 손으로 뚝딱!
– 정상 성장을 유도하는 생활 습관 개선법

1. 정상 성장으로 이끄는 건강 식탁
성조숙증 예방하는 좋은 음식 찾기 • 163
성조숙증을 유발하는 나쁜 음식 • 170
부족해지기 쉬운 영양소는 영양제로 채워주세요 • 175
성조숙증에 영향을 미치는 음식에 대한 오해와 진실 • 182

2. 엄마가 시작하는 내 아이 비만 예방
소아 비만, 왜 문제인가? • 190

비만의 종류 • 198

성장의 장애물, 소아 비만을 예방하라 • 205

3. 튼튼한 몸, 건강한 성장
성장에 도움 되는 바른 운동법 • 217

소아 비만 해결하는 유산소운동 • 219

구기 운동과 격투기 • 225

스트레칭 운동법 • 229

운동 전 스트레칭 • 233

취침 전 스트레칭 • 237

4. 스트레스 없는 건강한 생활
환경호르몬 No! 생활 속 안전 수칙 • 243

환경호르몬의 종류 • 247

숙면이 중요해 • 254

키 성장을 도와주는 바른 자세 • 258

부록
우리 아이 식습관 개선 30일 식단

식단 구성 요령 • 266

우리 아이 30일 건강 식단 • 270

Part 1

어느 날 갑자기 아이에게 찾아온 변화

성조숙증에 대해 당신이 알고 싶은 모든 것

빨래통에 놓인 아이의 속옷에서 어른 냄새가 납니다.
봉긋하게 솟아오른 가슴을 부여잡고 아프다고 우는
모습을 보니 저절로 눈물이 나네요.
내 아이에게 흉이 될까 봐 어디 가서 말도 못하겠고……
이러다가 큰일 나는 건 아닌지 걱정이 됩니다.

Dr. Koh의 한마디

"성조숙증 증상은 아이마다 약간씩 차이가 있습니다. 또 복합적인 원인으로 발병하기 때문에 치료 방법도 조금씩 다릅니다."

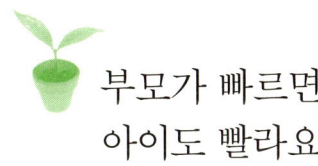
부모가 빠르면 아이도 빨라요

"갑자기 가슴이 도드라지게 자랐어요."

일곱 살 난 여자아이와 함께 진료실을 찾은 한 엄마의 고민은 아이의 가슴이 빠른 속도로 성장한다는 사실이었다. 아니나 다를까, 아이의 여름용 면 티셔츠 위로 가슴이 봉긋 솟아올라 있었다.

아이의 얼굴을 살펴보니 머리와 얼굴에 심상치 않은 기름기가 돌았다. 앳된 얼굴과는 대조적으로 커다란 발도 인상적이었다. 바로 엄마에게 질문을 던졌다.

"어머니는 언제 초경을 하셨나요?"

민망할 수 있는 질문에 엄마는 담담하게 대답했다.

"초등학교 5학년 올라갈 때쯤이었어요."

30대 후반인 엄마의 나이를 생각한다면 당시에도 '초경 연령 11세'는 조숙한 편에 해당한다. 아이의 성조숙증에 유전적인 영향도 상당 부분 작용한다는 얘기다.

부모의 2차성징 빨랐다면 아이도 안심 못해

성조숙증의 원인이 유전적인 것이라면 진행 속도도 빠르기 때문에 그만큼 치료에 큰 어려움을 겪는다. 하지만 그렇다고 해서 방법이 없는 것은 아니다. 빨리, 그리고 좀 더 열심히 치료해

야 된다.

진행 속도가 아무리 빠르다고 해도 적절한 대응책을 마련해 초기에 조치를 취하면 얼마든지 속도를 늦출 수 있다. 2차성징이 본격화되는 시기를 골인 지점으로 비유한다면, 성조숙증은 골인으로 향하는 성장 레이스가 남들보다 더 빨리 시작되는 것이라 할 수 있다.

과속하는 자동차를 보면서 '저렇게 빨리 달리면 안 되는데……' 하고 걱정만 하는 것은 아무런 도움이 안 된다. 남들과 똑같이, 최소한 큰 차이 없이 비슷한 시기에 골인하고 싶다면 속도를 늦출 수 있도록 적극적으로 대처해야 한다. 그 시도들은 골인 지점에서 멀수록, 즉 출발 단계에 가까운 시기에 이뤄질수록 큰 효과를 거둘 수 있다.

성조숙증도 마찬가지다. 아이가 유전적인 영향으로 성조숙증 증상을 보인다면 본격적으로 증상이 나타나기 전에 바로잡을 수 있도록 치료를 시작해야 한다.

그렇다면 내 아이가 유전적인 영향을 받을 가능성이 있는지 확인할 수 있는 방법은 무엇일까?

간단하다. 아빠와 엄마, 가능하다면 할아버지, 할머니까지

초경 연령의 변화

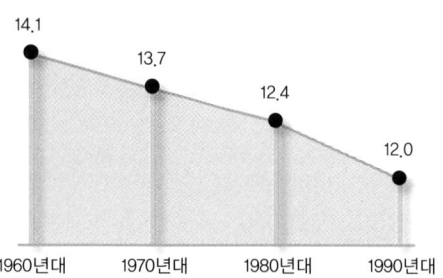

한국 여자 어린이 평균 초경 연령 변화 (단위: 세)

- 1960년대: 14.1
- 1970년대: 13.7
- 1980년대: 12.4
- 1990년대: 12.0

•자료 : 서울대 생활과학연구원

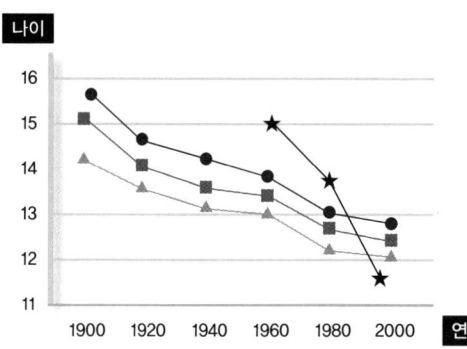

초경 연령 변화

● 북유럽 ■ 유럽 ▲ 미국 ★ 한국

식구들의 2차성징 시기를 확인하는 것이다. 만약 식구 중에 2차성징이 빨랐던 사람이 있다면 성조숙증의 원인이 유전적인 영향일 확률이 높아진다. '유난히' 빨랐던 사람이 있다면 주저 없이 바로 전문의를 찾아야 한다.

얼마나 빨리 병원을 찾는가에 따라 아이의 성장이 좌우된다는 점을 잊지 말자.

아이 성격이 조급해졌어요

감기로 병원을 찾은 여덟 살 난 남자아이가 있었다. 키나 체형도 또래 아이들과 비슷한, 지극히 평범해 보이는 아이였다. 그런데 아이의 몸 상태를 묻는 질문에 아이 엄마가 느닷없이 "아이 성격이 변했다"라며 하소연을 늘어놓았다. 얌전하고 말도 잘 듣는 아이였는데 마치 '미운 세 살'로 퇴행하기라도 한 듯 성격이 급해지고 주위 사람들에게 아이답지 않게 벌컥 화를 내기도 한다는 것이다.

아이 엄마는 별 뜻 없이 답답함을 토로한 것이지만, 이상한 예감이 들어 좀 더 자세히 물어보았다.

"혹시 땀을 많이 흘리고 냄새가 많이 나진 않나요? 샤워를 하고 자도 아침에 일어나면 머리 냄새가 난다거나 하는 일은 없나요?"

"그러고 보니 머리가 얼마나 빨리 더러워지는지 매일 머리를 감는데도 기름이 지고 냄새가 나요."

그 말을 듣고 성조숙증일지 모르니 검사를 해보는 게 좋겠다고 권유했다. 물론 아이 엄마는 처음엔 믿지 않는 듯했다.

"우리 애는 키도 별로 크지 않고, 배도 안 나오고, 고추도 아직 애긴데 성조숙증이라뇨."

망설이는 기색이 역력했다.

하지만 몸에서 냄새가 나고 머리에 기름이 돈다는 것은 이미 성호르몬이 분비되었거나, 분비될 준비를 마쳤다는 신호로 볼 수 있다. 특히 전에 없이 성격이 급해지고 화를 내는 것은 아이가 이미 질풍노도의 시기에 접어들었다는 의미이기도 하다. 고환이나 음경이 커지고 수염이 나는 등 외적인 변화도 놓칠 수 없지만 몸의 어떤 부위가 어떻게, 얼마만큼 변화하는지는 개인에 따라 다르다. 그렇기 때문에 다른 집 아이들에 비해 신체 변화가 두드러지지 않다고 해서 안심할 수 있는 것은 아니다.
 골 연령 검사를 해보니 실제 나이보다 1년 빠르다는 결과가 나왔다. 성선 자극 검사 결과도 성호르몬(LH) 수치가 5 이상으로 나와 성조숙증이라는 진단을 내렸다.

 아이의 신체 변화가 크게 두드러지지 않아서 그냥 넘어갈 수 있었지만 아이의 성격 변화에 대해 하소연한 엄마의 한마디로 성조숙증을 진단할 수 있었다. 호르몬 치료로 성장 속도를 바로 잡은 후 엄마는 "원래 키가 크지 않았기 때문에 치료 시기를 놓쳤다면 키 성장에도 문제가 생겼을 것"이라며 안도의 한숨을 내쉬었다.
 이처럼 제때 치료를 받으려면 아이 몸에 일어나는 작은 변화를 놓치지 않는 섬세한 관찰력이 필요하다.

밥보다 빵이 더 좋았던 여자아이

성조숙증을 치료하면서 점점 절실해지는 것이 있다. 바로 아이들의 올바른 식습관이다. 성조숙증으로 병원을 찾는 대부분의 아이들이 밥보다 빵이나 과자를, 집밥보다 외식이나 매식을 즐긴다는 사실을 알게 됐기 때문이다.

한번은 편식이 매우 심해서 빵, 과자, 사탕, 초콜릿, 오렌지 주스로 식사를 대신하는 여섯 살 난 여자아이가 병원을 찾은 적이 있다. 키에 비해 몸무게가 많이 나가는 비만 체형이었고, 그 나이 또래 아이들처럼 볼록한 것이 아니라 묵직한 사장님 배처럼 살과 지방이 늘어진 복부가 인상적이었다.

병원을 찾은 이유는 배 못지않게 불룩하게 늘어진 가슴 때문이었다. 아이 엄마는 살이 쪄서 가슴이 나왔겠거니 생각했는데 어느 날 살펴보니 큰 멍울이 만져졌다며 속상해했다.

부모 모두 또래 아이들과 큰 차이 없이 사춘기를 맞이했다고 했다. 유전적인 원인은 아닌 것이다. 빵과 과자를 '즐기는' 수준을 넘어서 '폭식'하는 이유를 알아보기 위해 아이가 평소 어떻게 지내는지 묻자, 엄마는 선뜻 대답하지 못했다. 이유를 물으니 부모가 모두 직장 생활을 해서 학교에서 돌아오면 아이를 돌봐주는 할머니와 단둘이 시간을 보내기 때문에 평소 아이가 어떻게 생활하는지 잘 모른다고 했다.

바쁜 직장 생활 때문에 직접 요리를 하기보다 주로 인스턴트 식품이나 마트에서 사 온 음식으로 식사를 한다는 말을 들으니 아이의 식생활이 비정상적인 이유를 이해할 수 있었다.

부모와 함께 마트에서 음식을 고르는 습관이 든 아이는 점점 음식 대신 빵이나 과자, 음료수를 선택하게 됐고, 아이와 싸울 시간이 없는 부모는 그것이 나쁘다는 사실을 알면서도 '아이가 말을 안 듣는다'는 이유로 방치한 것이다. 아이의 식생활까지 참견하고 싶지 않은 베이비 시터와 아이의 기분을 상하게 해 미움 받고 싶지 않은 맞벌이 부모의 약점이 초래한 문제였다.

골 연령 검사 결과는 2년 빠르게, 성선 자극 검사 결과 성호르몬 수치가 5 이상으로 나와 성조숙증으로 진단을 내렸다. 문제는 이런 경우 치료한다고 해도 효과를 제대로 볼 수 있을지 장담할 수 없다는 것이다.

"치료 효과를 제대로 보기 위해선 아이의 식생활부터 바꿔야 합니다."

그때부터 엄마는 아이의 식생활을 개선하기 위해 노력했다. 음식을 갑자기 바꾸면 아이가 거부감을 보일 수 있으니 처음엔 크림빵 같은 단 빵을 주지 않고 치즈빵, 감자빵처럼 식사 대신 먹을 수 있는 빵으로 바꿨다. 그러면서 엄마가 직접 만든 음식을

조금씩 먹였다. 그렇게 해서 아이에게 '밥맛'을 들였다.

아이가 이 같은 변화를 보인 것은 부모의 변화 덕분이었다. 아이의 부모는 아이가 부모의 관심을 받지 못하고 혼자 지내야 하는 환경에 스트레스를 받아 간식에 집착한 것은 아닐까, 하는 생각을 하게 됐다. 그래서 부부가 상의한 끝에 일을 좀 줄이더라도 아이와 보내는 시간을 늘리고, 없는 솜씨라도 아이가 먹을 음식은 직접 준비하기로 했다고 전했다.

그렇게 몇 달이 지나자 엄마는 '직접 음식을 준비하는 것의 장점'을 실감했다. 살이 빠지고 배가 들어가고 피부에 기름기가 줄어드는 외적인 변화도 있지만, 아이가 어떤 음식을 얼마마큼 먹었는지 알 수 있어 영양소 분석과 칼로리 계산을 할 수 있다는 점이었다. 안 그래도 과체중인 아이가 자칫 영양 과잉이 될까 봐 걱정되어 먹일 수 없었던 영양제도 먹일 수 있게 됐다며 좋아했다.

처음 반년 동안은 뚜렷한 변화가 보이지 않았다. 하지만 아이의 식생활이 정상 궤도에 오른 후부터 느리지만 조금씩 변화가 나타났다.

성조숙증이라고 진단하고 치료를 하기 위해 주사를 놓는 것은 의사고, 주사를 맞는 것은 아이지만 치료에 날개를 달아 제대로 효과를 볼 수 있도록 하는 것은 부모라는 사실을 확인할 수 있는 기회였다.

 병원이 싫은
아이들

　아이가 여섯 살이면 다 큰 것처럼 고집도 피우고 혼자서도 다 할 수 있다며 잘난 척도 하지만 부모 눈엔 여전히 아기처럼 귀엽고 마냥 어리게만 보이는 법이다. 그런데 여섯 살 된 딸아이의 가슴이 아가씨 가슴처럼 볼록해지면서 멍울까지 잡힌다면 부모의 마음은 어떨까?

　상상도 하기 싫은 마음 아픈 상황이지만, 유감스럽게도 진료실에 있다 보면 이런 고민을 안고 찾아오는 부모님을 종종 만날 수 있다. 그중에서도 인상에 남는 한 아이가 있었다. 요즘 아이들은 발육이 좋아서 여섯 살이라고 해도 초등학교 1~2학년처럼 다부져 보이는 아이들이 꽤 있지만, 얼마 전 만 6세가 되었다는 그 아이는 제 나이보다 어려 보이는 앳된 얼굴이었다. 여전히 아기 티를 벗지 못한 외모와는 달리 가슴은 상당히 발달한 상태였다. 그러니 부모의 안타까움이 얼마나 컸을지 짐작이 가고도 남았다.

아이와 함께 진료실로 들어선 엄마는 대학 병원에서 성조숙증 진단을 받았다며 진단 차트를 내밀었다. 대학 병원에서 진단한 골 연령은 실제 나이보다 네 살 이상 많은 열 살 10개월이었다. 의심할 여지가 없는 성조숙증이었다. 성조숙증으로 진단받은 후 부모님도 상당히 고민을 한 듯했다. 대학 병원에서 계속 치료를 받아도 상관없지만, 아이가 대학 병원의 딱딱한 분위기에 부담을 느끼고 치료를 받는 것에 심한 스트레스를 받았기 때문이다.

성조숙증 치료는 얼마나 규칙적으로, 그리고 꾸준히 호르몬 주사 치료를 받는가에 따라 결과가 달라진다. 또한 치료 중에 생활 관리를 철저히 해주고 스트레스 없이 편안한 마음 상태를 유지하는 것도 필요하다. 그런데 간혹 어린아이들은 병원의 위압적인 분위기에 부담을 느껴 치료를 거부하기도 한다. 그런 아이들에겐 '병원은 무서운 곳이 아니라 네가 건강하고 예쁘게 클 수 있도록 도와주는 곳'이라고 이해시켜야만 효과적인 치료를 할 수 있다.

그런 상황에선 강제로 아이에게 주사를 놓아도 큰 효과를 볼 수 없다. 오히려 치료 중단이라는 최악의 결과로 이어질 수 있으니 신중하게 설득해야만 한다. 일단 아이와 충분히 얘기를 나눠 '병원은 무서운 곳이 아니다'라는 점을 각인시켰다. 그다음은 엄마 차례였다. 아이가 싫다고 하는 동안에는 절대로 서둘러서 주사 치료를 강요하지 말 것, 그 대신 치료를 하지 못하는 동안 성조숙증이 진행되는 것을 막기 위해 운동 치료와 식이요법 등 생활면에서 철저히 관리해줄 것을 당부했다. 아이는 무서운 치료가 아니라는 점을 이해했는지, 다행히 그 다음 주부터 꾸준한 치료를 받을 수 있었다.

급한 마음에 주사부터 들이대면 아이는 치료에 공포를 느끼고 병원에 오는 것 자체를 꺼리게 된다. 아이의 눈높이에 맞춰 치료의 중요성을 알려주어 아이가 병원에 오는 수고와 주사의 따끔한 통증을 참을 수 있도록 격려해줘야 치료의 효과도 제대로 볼 수 있고, 중간에 포기하지 않고 지속적으로 치료를 받을 수 있다.

물론 친근한 이웃처럼 많은 시간을 들여 편안하게 대화하면서 진료하기란 현실적으로 쉽지 않다. 그렇지만 성조숙증처럼 아이의 정서가 중요한 부분을 차지하는 질환을 치료할 때는 아이나 부모가 언제든지 의사와 얘기를 나눌 수 있는 소통의 창을 열어두어야 한다.

골 연령이 정상이면 안심할 수 있을까?

골 연령이나 성선 자극 검사는 성조숙증 여부를 확인하는 데 중요한 지표가 된다. 하지만 수치가 전부는 아니다. 갓 태어난 아기가 거치는 일반적 성장 발달 과정은 머리에서 다리 쪽으로 진행되지만, 누군가는 손이 먼저 큰 다음에 다리가 자라고, 발이 커지기도 하고, 누군가 발이 먼저 커지기도 한다. 특히 사춘기에 들어섰을 때 2차성징의 시작으로 발 사이즈가 급격히 커지기도 한다. 그렇기 때문에 눈으로 확인할 수 있는 아이의 변화와 여러 검사 결과를 놓고 종합적인 판단을 내리는 것이 중요하다.

어느 무더운 여름날, 일곱 살 난 여자아이가 진료실로 들어섰다. 일곱 살이라는 나이가 믿기지 않을 정도로 뚜렷한 신체 발달이 눈에 띄었다. 아이 엄마는 "대학 병원에서 골 연령 검사 결과 아무 이상이 없으니 안심해도 좋다는 답을 들었는데, 아무리 살펴봐도 걱정이 가시질 않아 찾아왔다"라고 얘기했다.

엄마 말에 따르면 아이의 머리 냄새가 심해지고 점심때가 지날 무렵이면 얼굴에 기름기도 돈다고 했다. 가슴 멍울이 잡힌 것은 벌써 1년 전부터였다. 최근에는 손과 발도 급격하게 자라나 불안감이 더욱 커졌다고 했다. 아이 엄마의 말을 듣고 바로 성선 자극 검사를 실시했다. 검사 결과 성호르몬 수치가 5 이상으로 나와 성조숙증 진단을 내렸다.

물론 모든 검사를 다 받을 필요는 없지만, 아이의 신체 발달이 뚜렷하다면 여러 가지 검사를 통해 종합적인 결론을 내려야 치료 방침을 세우는 데 도움이 된다. 이 경우는 한 가지 검사 결과를 과신해 아이의 문제를 놓칠 뻔한 사례였다.

치료를 시작한 지 6개월이 지난 후 골 연령을 측정해보니 실제 나이보다 1년 빠르다는 결과가 나왔다. 또다시 6개월 후에 검사를 해보니 골 연령과 실제 나이가 일치한다는 결과가 나왔다. 아이의 몸에서 나는 냄새와 기름기가 사라졌고, 손과 발도 예전처럼 갑자기 커지는 일 없이 정상 크기를 유지하고 있었다. 조기 치료의 효과였다.

    이처럼 조기 치료를 받을 수 있었던 것은 엄마가 평소에 아이의 상태를 꼼꼼히 살폈기 때문이다. 증상만으로 성조숙증을 단정 지을 수는 없지만, 검사 결과 하나만 놓고 성조숙증이 아니라고 단정 짓는 것도 위험한 일이다. 그래서 모든 일에는 '종합'이 필요한 법이다.

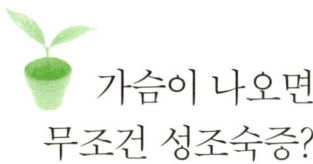
가슴이 나오면 무조건 성조숙증?

반대의 경우도 있다. 여자아이의 가슴이 나왔다고 무조건 성조숙증으로 단정 지을 수는 없다.

여덟 살 무렵부터 가슴이 나오기 시작했다는 여자아이가 있었다. 그런데 골 연령이나 성선 자극 검사 결과는 모두 정상이었다. 두고 보는 것밖에 방법이 없었다.

이처럼 다른 신체 변화 없이 가슴만 나왔는데, 그나마도 가슴에 멍울이 잡히지 않는다면 단순한 '체질 문제'라고 생각해볼 수 있다. 살이 찌면서 가슴이 자랐을 수도 있다. 엄마나 아빠 가운데 가슴에 살이 붙는 체질인 사람이 있다면 유전적인 요인을 의심해볼 수 있다. 이럴 때는 아이의 변화를 지속적으로 관찰하는 수밖에 없다.

단, 뚜렷한 확증을 찾을 수 없다고 해도 성조숙증에 대한 의심을 버릴 수 없기 때문에 아이의 식생활과 생활 습관을 꼼꼼하게 관리하고 꾸준히 운동하는 습관을 들여 성조숙증을 예방하는 것이 좋다. 이러한 습관을 들이면 빠르게 진행되던 아이의 성장 속도에 브레이크가 걸려 '성조숙증 확정'이라는 경계선을 넘지 않고 정상적인 속도를 되찾을 수도 있다. 만에 하나 성조숙증으로 진단되더라도 치료 효과가 빨리 나타나는 등의 도움을 얻을 수 있다.

하나라도 의심되는 증상이 보인다면 끝까지 마음을 놓지 않는 것이 성조숙증을 예방, 관리하는 올바른 자세다.

치료 중에도
계속 진행되는
증상

몸 냄새가 심하다는 이유로 병원을 찾은 여자아이가 있었다. 아이의 나이는 만 일곱 살. 몸 냄새만으로 학교에서 왕따를 당할 우려가 있는 나이다. 게다가 몸집이 무척 컸다. 엄마 말에 따르면 "반에서 키가 제일 크고 몸무게도 많이 나가는 편"이라고 했다. 검사 결과 골 연령은 3년 빨랐고, 성선 자극 호르몬 검사에서도 수치가 높게 나왔다.

치료를 시작한 지 5개월 뒤에 골 연령을 다시 측정해보니 처음에 열 살로 나왔던 골 연령이 열한 살로 나타났다. 5개월 사이에 1년이나 빨라진 것이다. 그로부터 1년 후에 실시한 골 연령 검사 결과에서는 열두 살 3개월로 나왔다. 골 연령 증가 속도가 오히려 점점 빨라졌던 것이다.

이럴 때 가장 많이 듣는 질문이 "치료를 받아도 골 연령이 계속 높아지는 이유가 무엇인가요?"이다.

호르몬 치료는 골 연령 증가를 늦추는 효과가 있을 뿐이다. 골 연령 증가를 멈추게 하는 것이 아니라는 얘기다. 속도가 줄어드는 정도는 개인별로 차이가 있다. 어떤 아이는 단기간에 정상 연령으로 나타나지만, 어떤 아이는 오랜 시간에 걸쳐 조금씩 속도가 줄어든다.

치료 결과가 더디게 나타나면 치료에 대한 의지가 약해져 치료를 게을리하거나 중간에 포기해 그동안의 노력을 수포로 만들어버리기도 한다. 그러나 이 아이는 다행히 결과와 관계없이 꾸준히 치료를 받았다. 그 덕분에 치료를 시작한 지 2년 후에 실시한 골 연령 검사에서 열두 살 7개월이라는 긍정적인 결과를 얻을 수 있었다.

이미 성조숙증이 진행되는 상태이기 때문에 호르몬 주사를 놓는다고 곧바로 골 연령 진행이나 호르몬 분비가 멈추는 것은 아니다. 단지 진행 속도가 늦어질 뿐이다. 한 번의 주사로 얻을 수 있는 효과는 미미하지만 그것이 쌓이고 쌓이면 점점 그 힘이 발휘되면서 결국엔 원래의 성장 속도에 가까워질 수 있다. 성공의 열쇠는 포기하지 않고 꾸준히 치료하는 데 있다.

# 가슴 달린 아들

　여성성의 상징이기도 한 '가슴 발달'은 여자아이들에게 나타나는 대표적인 성조숙증 증상이다. 그런데 남자아이의 가슴이 아가씨 가슴처럼 무럭무럭 자라는 경우도 드물게 나타난다. 대부분 살이 찌면서 나타나는 '젖살(젖가슴 부위에 살이 붙는 진짜 젖살이다)'이지만, 간혹 성장 과정에서 가슴이 자라거나 멍울이 잡히는 경우도 있다. 문제는 이것이 사춘기 무렵의 남자 중학생이 아니라 미취학 아이에게 나타나기도 한다는 점이다.
　병원을 찾은 여섯 살 난 남자아이는 또래 아이들에 비해 키가 무척 컸다. 아이 엄마는 자신은 키가 크지만 남편이 키가 작기 때문에 혹시나 하는 마음에 병원을 찾았다고 했다. 아이는 여성형

유방과 복부 비만 소견을 보였다.

골 연령 검사를 해보니 실제 나이보다 두 살 빠르다는 결과가 나왔다. 성선 자극 검사 결과도 높게 나왔다. 성조숙증이었다.

발견을 빨리 하면 치료 효과도 더 빨리, 제대로 볼 수 있다. 이 아이는 엄마가 성조숙증에 대한 고정관념에 사로잡히지 않고 아이의 변화를 다각도로 살펴봤기 때문에 조기 치료가 가능했다. 아이 키가 또래보다 크다는 것도 엄마 쪽 유전으로 보면 그냥 넘어갈 수 있음에도 '아빠 쪽 유전'을 물려받았을 50퍼센트의 가능성을 의심한 덕분에 아이가 무사히 정상 속도로 자라날 수 있게 된 것이다.

# 조기 유학의
엄청난 스트레스

아이의 몸은 환경의 영향을 받는다. 심리 상태에 따라 몸에 이상이 생기기도 한다. 그렇기 때문에 아이를 건강하게 키우기 위해선 아이가 안심할 수 있는 생활환경을 만들어주는 것이 중요하다.

일곱 살 무렵부터 병원을 찾은 여자아이가 있었다. 평균 체중보다 덜 나가서 성장 발달이 늦은 건 아닌지 걱정되던 아이였다. 그런데 캐나다로 어학연수를 다녀오면서 아이가 달라졌다. 급속도로 체중이 불어나고 가슴이 커지면서 통증을 호소한 것이다.

골 연령 측정 결과 자신의 나이보다 2년 빠른 열 살로 판정됐다. 지속적인 치료가 필요했지만 조기 유학 계획이 잡혀 있었기 때문에 치료를 포기할 수밖에 없었다. 유학을 떠난 지 1년 6개월이 지난 후 아이의 초경을 알리는 메일이 도착했다.

생활환경의 변화는 어린이들에게 큰 스트레스이다. 이사를 해사는 동네가 바뀌어 새로운 이웃과 접하거나 새로운 학급에 익숙해지는 것만으로도 스트레스이다. 그런데 언어와 환경, 문화, 음식이 전혀 다른 외국으로 떠나 그곳 학교에 적응해야 한다면 아이가 받을 스트레스는 어른들의 상상을 초월한다.

교육도 중요하지만 성장 단계에 있는 아이인 만큼, 아이의 현지 적응 능력이나 몸 상태 등을 고려한 결정이 필요하다. 현지에서도 아이가 불안감을 느끼지 않고 제대로 적응할 수 있도록 도와주어야 한다. 성조숙증으로 사춘기가 빨리 찾아와 성장에 지장이 생긴다면 아이에게 평생 남을 상처를 주게 될 것이기 때문이다.

 갑자기 찐 살

갑자기 키가 자라고 살이 쪘다는 남자아이가 병원을 찾아왔다. 만 6세를 갓 넘었다는 그 아이는 4학년이라고 해도 믿을 정도로 키가 크고 듬직한 체격이었다. 그런데 아이가 그렇게 늠름하게 변하기 시작한 것은 불과 1년 전의 일이라는 것이다. 아이와 함께 온 엄마는 "최근 1년 동안 키가 13센티미터가량 자라고 체중도 10킬로그램 정도 늘어났는데, 아무래도 정상적인 성장 속도와는 거리가 있는 것 같아 병원을 찾아오게 됐다"고 설명했다. 고환이나 음경의 변화, 몸의 체취 등 다른 성조숙증 증상은 일체 없는 상태였음에도 성조숙증을 의심하고 병원을 찾아온 것이다.

검사 결과는 성조숙증으로 판명됐다. 성선 자극 검사 결과는

5, 골 연령은 실제 나이보다 두 살 많게 나온 것이다. 이 아이는 아직 2차성징이 시작되지 않은 상태에서 병원을 찾아 조기 치료가 가능했던 매우 운이 좋은 경우였다.

성조숙증에 걸린 남자아이의 2차성징은 여자아이들에 비해 늦게 나타난다. 여자아이의 초기 성장이 남자아이보다 빠르기 때문에 2차성징도 더 빨리 나타나기 때문이다. 그리고 이 아이도 그런 경우였다.

성조숙증이라는 진단을 내린 후 곧바로 호르몬 치료에 들어갔다. 치료하는 동안 운동 습관을 들이고 식이요법을 병행하니 금세 체중 변화가 일어났다. 출렁이던 뱃살이 사라지고 달덩이 같았

던 얼굴이 갸름해지면서 큰 키가 돋보이는 훈남으로 다시 태어난 것이다.

요즘에는 남자아이라도 외모에 신경을 많이 쓰기 때문에 아이가 변화된 외모에 만족하고 자신감을 얻으면서 치료에 대한 부담도 크게 줄어들었다. 덕분에 아이가 주사 맞는 것을 거부하지 않고 즐겁게 치료할 수 있었다.

배만 볼록한 우리 아들

 티셔츠 위로 볼록 튀어나온 배가 인상적인 일곱 살 난 남자아이가 있었다. 키가 크고 어깨도 넓어 함께 온 아빠와 붕어빵처럼 닮은 체형이었다.
 아이는 원래 마른 체형이었는데 1년 전부터 살이 찌기 시작해 배가 볼록 나왔다고 했다. 하지만 키도 1년에 8센티미터 정도 자라 '아이가 크는 시기구나' 하고 대수롭지 않게 생각했다고 한다. 고환의 변화도 없고 몸 냄새도 나지 않아 성조숙증은 생각도 못했다는 것이다.
 그런데 최근 두 달 전부터 아이의 몸에서 냄새가 나기 시작했다고 전했다. '어른 몸에서 나는 듯한 냄새'를 맡은 엄마가 성조숙증을 의심해 확인하기 위해 병원을 찾은 것이다. 골 연령과 성선 자극 검사를 실시한 결과 성조숙증으로 진단받았다.

아무리 작은 증상이라도 일단 성조숙증이 의심된다면 검사를 받아보는 것이 좋다. 성조숙증을 조기 진단할 수 있고, 아이의 성장 정도를 확인해볼 수 있기 때문이다.

남자아이는 여자아이보다 신체 변화가 늦게 나타나기 때문에 고환 발달 등 외적 변화를 보고 병원을 찾았다면 치료가 힘들었을 것이다. 하지만 빨리 병원을 찾은 덕분에 비교적 빠른 기간 내에 골 연령을 정상 속도로 되돌릴 수 있었다.

남자아이의 키는 연간 5~6센티미터 정도 자라는 것이 보통이다. 이 이상 자란다면 쑥쑥 잘 큰다고 기뻐하기에 앞서 전문 클리닉에서 검사를 받아볼 것을 권한다. 만약 키 성장과 더불어 체중도 급격히 늘어났다면 고민할 것 없이 바로 병원을 찾는 것이 좋다. 부모의 생각과 전문가의 진단은 다를 수 있기 때문이다.

우리 아들 최종 신장이 겨우 160센티미터?

 다른 병원에서 '예측 최종 신장 160센티미터'라는 진단을 받고 낙담해서 병원을 찾은 남자아이가 있었다. 아직 아이는 자신의 최종 신장에 대해 모르는 상태였고, 함께 온 아이 엄마가 어두운 얼굴로 상담을 했다.

 만 5세에 113센티미터로 또래보다 키가 컸는데, 골 연령 측정 결과 뼈 나이가 만 8세로 나왔다. 성조숙증이 의심됐지만 다른 검사는 모두 정상으로 나왔기 때문에 6개월 후에 다시 검사를 받아 보기로 했다.

 엄마는 "남자아이 키가 160센티미터도 안 된다니 앞이 캄캄해요."라고 걱정스러워했다. 아이에게 사실대로 알려 키에 대한 기대를 갖지 말게 할지, 앞서 찾아간 병원에서 권한 대로 키 성장 호르몬 치료를 받을지 고민이 된다는 것이었다.

이럴 때는 서둘러 결론을 내기보다 일단 기다려보는 것이 좋다. 사춘기 이전의 예측 키는 어디까지나 예측일 뿐이므로 사춘기 진행 이전의 성장과 사춘기 시기, 특성에 따라 오차 범주가 커서, 2차성징의 징후를 보인 이후부터 얼마나 진행되었는지 지켜봐야 어느 정도 오차 범주를 줄일 수 있다.

6개월 후에 실시한 검사에서도 호르몬 수치가 정상으로 나왔

다. 6개월 동안 실시한 생활 습관 개선이 효과가 있었는지 골 연령도 2개월 빨라졌다. 어린아이는 환경이나 생활 습관의 영향을 받기 쉽기 때문에 단 한 번의 검사 결과만 놓고 아이의 성장을 단정 지어서는 안 된다. 특히 키 성장은 아이는 물론 부모도 큰 스트레스를 받기 때문에 성급하게 결론 내리면 오히려 그 때문에 아이의 성장을 방해하는 문제가 생길 수도 있다.

진단을 내리는 쪽도 신중해야 하지만, 부모의 이성적인 대처가 요구되는 경우였다고 할 수 있다.

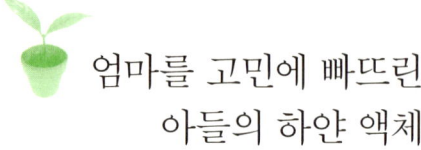
엄마를 고민에 빠뜨린
아들의 하얀 액체

아직 아기 같기만 한 아이가 성조숙증으로 2차성징을 보이면 아이보다 부모가 더 당황하는 예가 종종 있다. 특히 아들을 가진 엄마들은 자신이 겪지 못한 신체 변화이기 때문에 아들의 빠른 2차성징에 대해 당황을 넘어 혐오감을 보이기도 한다.

만 8세에 접어든 아들을 뒀다는 아이 엄마가 병원을 찾았다. 아이의 고환과 음경이 좀 커졌다는 느낌이 들긴 했는데, 얼마 전부터 끈적한 우윳빛 액체가 나왔다는 것이다. 고환도 딱딱해지면서 생식기 모양이 '어른스럽게' 변했다는 얘기도 덧붙였다.

처음 접하는 남성 생식기의 변화에 당황한 엄마는 아들이 걱정되는 동시에 아들에 대한 거리감도 느끼게 되어 복잡한 심정으로 병원을 찾은 것이다.

남자아이는 고환이 커지면서 본격적으로 사춘기를 맞는다. 대개 고환 크기 4cc 이상을 기준으로 하는데, 눈으로 보기에도 '크다'는 느낌이 들 정도면 사춘기에 접어들었을 가능성이 높다.

문제는 만 11~12세 무렵에 나타나야 하는 변화가 8세 무렵에 나타났다는 것이다. 만 11~12세가 되면 아이는 키도 크고 내면적으로도 성장해 제법 어른 티가 나기 때문에 사춘기에 접어들었다고 해도 어색해할 사람은 아무도 없다.

하지만 여덟 살은 너무 빠르다. 엄마 입장에서 보면 아들은 아직 어린아이일 뿐이다. 아들의 신체 변화에 적응할 마음의 준비가 되지 않은 것이다.

이럴 때는 치료도 시급하지만 엄마가 아이의 변화를 자연스럽게 받아들이도록 노력해야 한다. 엄마의 불안감은 곧바로 아이에게 전달되어 아이도 불안해할 수 있다. 성조숙증 치료의 효과를 보기 위해선 아이가 스트레스를 받지 않고 정서적인 안정을 취할 필요가 있다. 어떤 모습을 보이더라도 아이는 단지 아이일 뿐임을 명심하자.

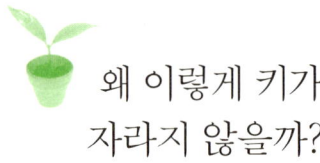

왜 이렇게 키가 자라지 않을까?

성조숙증 치료는 시기가 중요하다. 그런데 가끔 초등학교 6학년에서 중학교 2학년 정도의 '큰 아이들'이 병원을 찾기도 한다. 대부분 사춘기가 진행되는 단계라 치료 효과를 기대하기란 매우 힘들다. 그럼에도 약간의 효과라도 보기 위해 치료하기를 원한다.

한번은 만 12세 남자아이가 병원을 찾은 적이 있다. 늘 반에서 키가 큰 편에 속했기 때문에 키 성장에 대해선 안심하고 있었는데, 1년 전부터 성장이 멈춘 것처럼 더디게 크기 시작했다는 이유 때문이었다.

부모는 키 성장에 도움이 된다는 영양제도 먹여보고, 키 성장

클리닉에도 데리고 가봤지만 별다른 효과를 보지 못했다. 그제야 '그동안 키가 많이 컸던 것이 성조숙증 때문이 아니었을까' 하는 의문이 들어 병원을 찾은 것이다.

12세라면 이미 정상적인 사춘기에 접어드는 나이이기 때문에 성조숙증의 외형적 특징을 찾아보기 어려웠고, 검사 소견으로도 성조숙증을 예측하기 힘들었다. 당시 성조숙증이 있었다고 진단된다 해도 치료나 관리의 효과를 기대하기 어려운 시기였다.

그러나 아이의 성장 속도가 느려진 것은 성조숙증이나 조기 사춘기에 따른 성장 코스를 밟고 있다고 보아도 무방할 것이다. 성조숙증이나 조기 사춘기를 겪는 아이들은 또래보다 성장 시기가 빨라 10대 이전에는 친구들보다 더 크거나 비슷하다가도 친구들이 사춘기, 2차 급성장기를 맞이하면서 역전되곤 한다. 사춘기 무렵의 '급성장'은 대략 만 15세 전후로 잦아든다. 그 후부터는 속도가 대폭 줄어들면서 완만한 성장 곡선을 그린다. 이 학생의 변화도 성장 속도가 줄어들면서 생긴 것이다.

늦은 나이에 병원을 찾았더라도 키가 클 가능성은 있다. 골 연령이 15세가 넘지 않고 성장판에 가능성이 남아 있다면 키 성장호르몬 치료를 할 수 있기 때문이다. 하지만 15세가 넘고 성장판이 완전히 닫혔다면 치료를 해도 큰 효과를 기대할 수 없다. 골 연령이 15세 가까이 되고, 성장판이 열려 있긴 하지만 그 정도가 미약하다면 치료를 한다고 해도 비용과 노력 대비 효과는 크지 않다. 이럴 때 치료 여부는 아이의 성격을 고려해서 결정해야 한다. 단지 몇 센티미터 성장하느냐보다 부모가 자신의 키에 관심을 보이지 않았다는 생각에 더 큰 마음의 상처를 받는 예를 종종 보게 된다. 키가 얼마냐 하는 것보다 더 중요한 것은 아이의 심리적 저신장이라는 사실을 잊지 말았으면 한다.

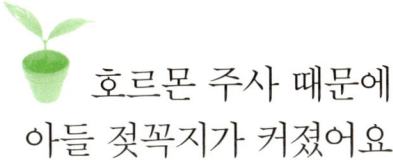# 호르몬 주사 때문에
아들 젖꼭지가 커졌어요

성조숙증 치료에 사용하는 호르몬 주사는 이미 존재하던 뇌종양의 크기가 커진다거나, 콩팥에 문제가 있던 아이들에게서 혈류량이 늘면서 신장 기능에 부담을 주는 부작용을 낳거나, 혈당의 일시적 변화, 갑상선호르몬의 변화 등을 유발할 수 있다. 또 주사 부위가 붓거나 몽우리가 잡히고, 경우에 따라서는 알레르기 반응을 보일 수 있다.

하지만 부작용이나 주사를 통한 예측 반응은 대부분 의료진이 체크할 수 있다. 그럼에도 인터넷에는 호르몬 주사 부작용에 대한 얘기들이 끊임없이 떠돈다.

실제로 병원을 찾은 환자 중에서도 '호르몬 치료 부작용'이라며 치료를 중단한 예가 있었다. 여섯 살 난 남자아이를 치료하던 중에 생긴 일이다. 검사 결과 성조숙증으로 판정되어 한 차례 호르몬 주사를 맞았다. 그런데 엄마는 아이가 주사를 맞은 후부터 젖꼭지가 커진 것 같다고 했다. 그리고 '호르몬 주사 부작용이 확실하다'라는 불신감을 표시한 후 더 이상 치료를 받지 않겠다고 선언하기에 이르렀다. "인터넷 게시판을 통해 이미 호르몬 주사의 부작용을 알아봤으니 어떤 말도 소용없다"라는 얘기도 덧붙였다.

알 수 없는 일이었다. 남자아이의 성조숙증 치료에 사용하는 호르몬은 성호르몬 분비를 억제하는 호르몬이지 여성호르몬인 에스트로겐이나 프로락틴 호르몬 계열이 아니다. 그렇기 때문에 남성적인 특징을 나타내는 2차성징을 억누르는 효과는 있어도, 아이의 여성성을 키워주지는 않는다. 호르몬 주사 부작용이 아닌 만큼 젖꼭지의 변화 과정을 의료진과 같이 지켜보면서 논의해야 한다. 인터넷에서 보호자들끼리 정보를 교환하면서 자의적으로 치료를 중단하는 것은 위험하다.

호르몬 주사에 대해 인터넷에 떠도는 얘기들을 보면 의사로서 안타까울 때가 많다. 잘못된 정보가 아이의 성장에 미치는 영향을 생각해본다면 화가 날 정도다. 누가 먼저 꺼냈는지도 모르는 근거 없는 인터넷 정보를 믿을지, 전문적인 교육을 받고 오랫동안 임상 경험을 쌓은 의사를 믿을지는 보호자의 판단에 달려 있다. 하지만 그 판단에 아이의 성장이 달려 있다는 점만 명심하자.

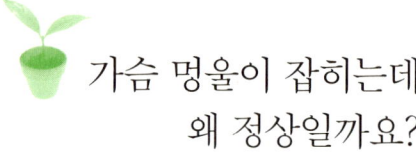
가슴 멍울이 잡히는데 왜 정상일까요?

어린아이들은 2~3개월 간격으로 검사 결과가 다르게 나타날 때가 있다. 정확한 진단을 위해서라면 그런 예를 염두에 두고 2~3개월 간격으로 검사를 반복할 수밖에 없다. 물론 의심할 여지가 없다면 검사비 낭비, 아이와 엄마의 시간 낭비일 뿐이다. 충분히 시간을 두고 정확한 검사 결과를 얻을 필요가 있다고 판단한 경우에 한해서다.

일곱 살 난 여자아이가 병원을 찾은 적이 있다. 가슴에 멍울이 생긴 지 6개월 정도 되었다고 했다. 그런데 각종 검사 결과 모두 정상 판정을 받았다.

성조숙증에 대해 강한 경계심을 보였던 엄마는 '정상'이라는 검사 결과에 안심하지 않고 3개월마다 병원을 찾아 처음부터 다시 검사했다. 멍울 이외에는 키도, 체중도 정상인 것을 생각했을 때 매우 드문 예였다.

그런데 세 번째 검사에서 호르몬 수치가 5를 넘고 뼈 나이도 실제 나이보다 한 살 더 높다는 결과를 얻었다. 수치가 바뀌자마자 발견했다고 해도 과언이 아닐 정도로 조기에 발견한 것이다.

아이들의 사춘기는 순식간에 찾아오기 때문에 지난달에는 정상이었지만 이달부터 급속도로 성장하는 극단적인 예도 있을 수 있다. 그래서 성조숙증을 조기에 발견하기 위해 정기검진을 권하지만 실제로 정상 판정을 받은 후에도 규칙적인 검사를 받는 예는 많지 않다.

조기 발견, 조기 치료는 아이와 부모에게 많은 이점을 준다. 치료 효과가 높아 아이의 사춘기 연령을 최대한 늦춰 정상적으로 성장할 수 있도록 해주며, 치료 횟수가 줄어들어 비용과 시간, 체력, 치료의 부담을 덜 수 있다. 또 9세 이전에 성조숙증 치료를 받으면 보험 처리되기 때문에 치료비 부담에서 자유로울 수 있다. 이 정도면 번거로운 검사를 감수할 만한 이점 아닌가?

사춘기 초기에 시작한 치료도 나름 효과가 있다

호르몬 치료 효과는 개인에 따라 다르게 나타난다. 가장 큰 영향을 미치는 것이 아이의 성장 단계다.

연령과 관계없이 사춘기에 접어들기 전에 호르몬 치료를 시작했다면 효과를 빨리 볼 수 있지만, 이미 사춘기에 접어든 후에 호르몬 치료를 시작했다면 그 효과는 매우 더디게 나타난다.

달리는 자전거를 멈추는 것은 작은 힘으로도 충분하지만, 고속으로 달리는 자동차의 속도를 늦추는 것은 아주 큰 힘이 아니면 안 되는 것과 같은 원리다.

사춘기에 접어든 후에는 성장 속도가 매우 빠르다. 그것을 막아 사춘기 진행 속도를 늦추는 것만으로도 호르몬 치료 효과는 충분하다. 거기에서 한 걸음 더 나아가 사춘기 이전 상태로 돌아가기를 바라는 것은 호르몬 치료에 너무 많은 기대를 건 태도다.

조기 치료를 받은 아이들에 비하면 별다른 효과를 기대할 수 없지만, 일단 치료를 시작했으니 치료 단계에 따라 효과를 발휘하는 정도가 다르다는 점을 인정하고 받아들이는 수밖에 없다.

Part 2

성장의 속도 위반, 성조숙증

성조숙증의 진단과 치료

아직도 아기 같기만 한 우리 아이가 생리를 시작했어요.
아이의 성장에 기뻐하기보다는 한숨이 먼저 나오는
엄마의 마음이란…….
처음 생리를 한 날, "이제 어른이 됐다"며 축하해주시던
그 옛날의 친정엄마처럼 마냥 기뻐할 수만은 없는
먹먹한 마음이 드네요. 할 수만 있다면 아이의 성장을
늦출 수 있었을 그 순간으로 돌아가고 싶어요.

Dr. Koh의 한마디

"성조숙증 진단에 대한 절대 기준은 숫자에 앞서서 아이의 어제와 오늘의 변화를 의료진이 진료를 통해 확인하는 데서 시작됩니다. 그리고 진단의 끝도 바로 의료진의 손과 눈 그리고 머릿속에서 이뤄져야 합니다."

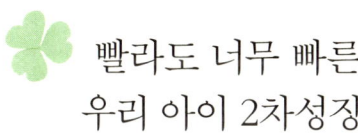# 빨라도 너무 빠른
우리 아이 2차성징

여자아이의 가슴 발달과 생리, 남자아이의 고환 발달 같은 2차성징이 또래 아이들의 표준편차에 비해 빨리 나타나는 증상을 '성조숙증'이라고 한다.

적정 연령에 이르기 전에 성호르몬이 분비되면서 또래의 신체 발달 수치를 통계로 낸 표준편차에 비해 빨리 2차성징이 나타난다면 성조숙증으로 진단하는데, 성조숙증 판정 기준인 발달 표준편차는 나라별, 인종별로 차이가 있다. 우리나라에서 여자아이는 8세 이전(초등학교 2~3학년), 남자아이는 9세 이전(초등학교 3~4학년)에 사춘기로 들어섰음을 알리는 2차성징이 두드러지게 나타날 때 성조숙증을 의심하게 된다.

물론 표준편차는 고정된 것이 아니라 시대에 따라 변하기 때문에 '몇 살부터 가슴이 나오면 2차성징'이라는 식으로 일괄적으로 적용하기엔 무리가 있다. 그렇기 때문에 특정 부위의 발달 하나만 놓고 성조숙증이라고 단언할 수는 없다.

여자아이의 변화

가슴 발달 가슴에 멍울이 잡히고 봉긋해진다.
유두가 커지고 색이 짙어진다.
난소 발달 배란이 시작되면서 초경을 한다.
신체 발달 엉덩이가 커진다.

남자아이의 변화

생식기 발달 고환, 음낭, 음경이 커진다.
정자 생산 정자가 생산되면서 몽정을 한다.
그 외 변화 수염이 나고 변성기가 시작된다.
신체 발달 어깨가 넓어지고 근육이 발달한다.

공통 변화

겨드랑이와 생식기 주변에 털이 난다.
머리와 겨드랑이 등에서 강한 체취가 난다.
몸에 피지 분비가 왕성해지면서 얼굴과 목, 등에 여드름이 난다.

♥성 성숙도별 평균연령(여자)

단계	평균연령(세)		
	한국 여자	영국 여자	스위스 여자
유방 발달 단계 2	11.00±1.03	11.50±1.10	10.9±1.2
음모 발달 단계 2	12.86±1.39	11.64±1.21	10.4±1.2
최대 성장 속도	–	12.14±0.88	12.2±1.0
유방 발달 단계 3	12.60±1.39	12.15±1.09	12.2±1.2
음모 발달 단계 3	14.15±1.49	12.36±1.10	12.2±1.2
유방 발달 단계 4	14.17±1.52	13.11±1.15	13.2±0.9
음모 발달 단계 4	15.13±1.27	12.95±1.06	13.0±1.1
초경	12.80±1.00	13.47±1.12	13.4±1.1
유방 발달 단계 5	15.72±1.13	15.33±1.74	14.0±1.2
음모 발달 단계 5	16.02±0.91	14.41±1.21	14.0±1.3

♥성 성숙도별 평균연령(남자)

단계	평균연령(세)		
	한국 남자	영국 남자	스위스 남자
음경 발달 단계 2	12.74±1.17	11.64±1.07	11.2±1.5
음모 발달 단계 2	13.20±1.19	13.44±1.09	12.2±1.5
음경 발달 단계 3	14.17±1.36	13.77±1.02	13.8±1.1
음모 발달 단계 3	14.42±1.25	13.90±1.04	13.5±1.2
최대 성장 속도	–	12.85±1.04	12.9±1.2
음경 발달 단계 4	15.40±1.30	14.06±0.92	13.9±0.8
음모 발달 단계 4	15.56±1.22	14.36±1.08	14.2±1.1
음경 발달 단계 5	16.08±1.04	14.92±1.10	14.7±1.1
음모 발달 단계 5	15.95±1.03	15.18±1.07	14.9±1.0

여자아이 신체 변화

▲ 몽우리가 잡히고, 유륜과 유두의 경계가 명확해지면서 유두가 올라오기 시작한다.

▲ 평균적으로 만 11세 후반, 손에 다소 까칠까칠할 정도의 음모가 만져지기 시작한다.

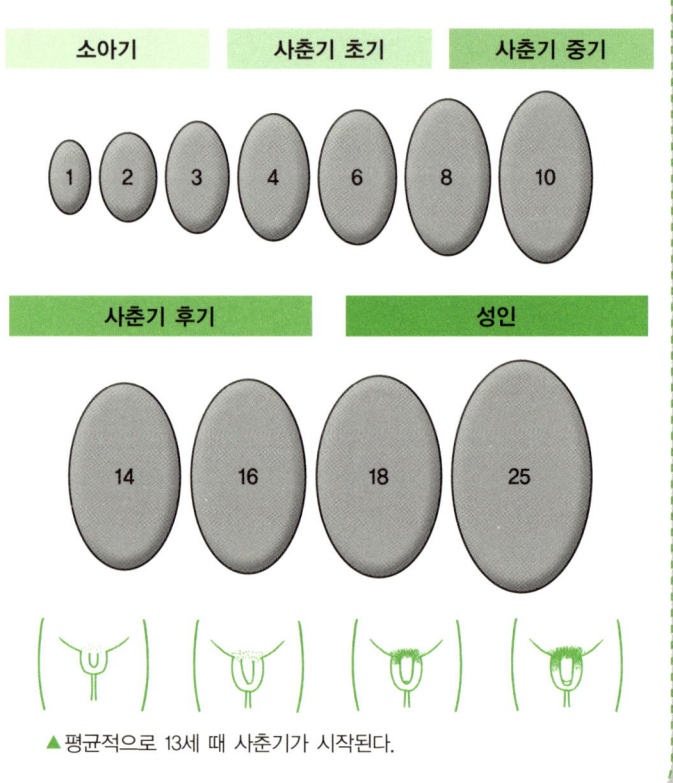

 여자아이의
2차성징

여자아이는 사춘기 때 난소, 유방, 자궁, 질, 생식기 등의 변화를 겪는다. 그리고 사춘기 기간 동안 생기는 신체 변화는 호르몬 분비와 밀접한 관련이 있다.

성장의 1단계   사춘기로 접어들기 시작하는 단계로, 눈으로 확인할 수 있는 신체 변화는 없다. 안드로겐androgen이라는 호르몬이 분비되면서 서서히 신체 변화를 준비하는 단계다. 보통 8~12세 무렵 이 단계에 접어든다.

♥이 시기의 신체 변화 유두가 올라온다. 아직 음모는 나지 않는다.

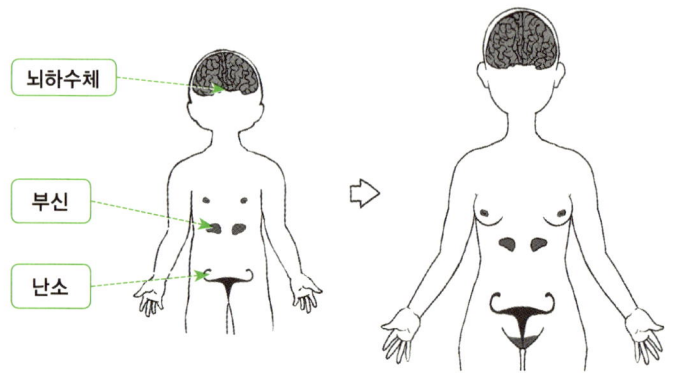

성장의 2단계 뇌하수체에서 고나도트로핀gonadotropin이라는 호르몬이 분비되면서 본격적으로 사춘기가 시작된다. 호르몬의 영향으로 난소가 발달하고 에스트로겐estrogen이라는 호르몬이 분비된다. 에스트로겐이 분비되면 가슴과 자궁이 발달하고 겨드랑이와 생식기 주위에 털이 나며, 키와 몸무게가 증가하는 등 2차성징이 나타난다. 보통 8~13세 무렵 이 단계에 접어든다.

♥이 시기의 신체 변화 가슴이 봉긋해지고 유두가 더 발달한다.
생식기 주위에 긴 솜털이 난다.

성장의 3단계 가슴이 본격적으로 발달하면서 유두가 커지고 색소 변화가 일어나기도 한다. 음모가 짙어지고 겨드랑이에서 암내가 난다. 보통 9~14세 무렵 이 단계에 접어든다.

♥**이 시기의 신체 변화** 가슴이 더 커지고 유륜이 뚜렷해진다.
곱슬곱슬한 음모가 나기 시작한다.

성장의 4단계 이 시기에는 난소의 성장이 두드러진다. 배란을 준비하면서 초경을 하기도 한다. 이 시기에 접어들면 키 성장 속도가 더뎌진다. 보통 10~15세 무렵 이 단계에 접어든다.

♥**이 시기의 신체 변화** 가슴이 더 커지고 유륜도 볼록해진다.
음모가 나는 부위가 넓어진다.

성장의 5단계 가슴과 자궁, 생식기 모양이 성인 여성의 형태를 띠게 된다. 다소 불규칙했던 생리도 규칙적이 되면서 성장을 완료한다. 일반적으로 11~16세 무렵 이 단계에 접어든다.

♥**이 시기의 신체 변화** 가슴이 더 커지고 유두도 튀어나온다.
성인과 비슷한 수준으로 음모가 자란다.

 남자아이의
2차성징

여자아이가 8~13세 무렵 사춘기에 접어드는 것에 비해 남자아이의 사춘기는 9~14세 무렵으로 다소 늦다. 이 기간 동안 남자아이는 고환과 음낭, 음경이 자라나고 정자를 생산하며 수염과 겨드랑이 털, 음모가 돋아나며 피지 분비가 활발해지면서 여드름이 나고 몸 냄새가 나며, 머리 냄새가 심해지는 등 신체 변화를 겪는다. 변성기도 이때 나타나는 변화다.

성장의 1단계 여자아이와 마찬가지로 신체 외적인 변화보다 내적인 변화가 두드러진 시기다. 안드로겐 호르몬 분비가

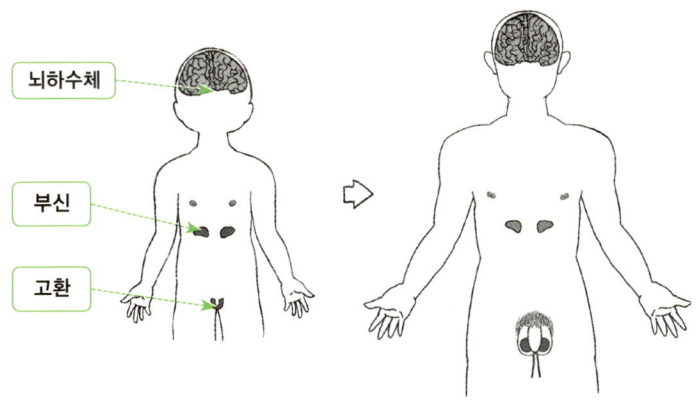

왕성해지면서 몸의 변화를 준비하게 된다.

♥이 시기의 신체 변화 변화 없음

성장의 2단계 뇌하수체에서 고나도트로핀gonadotropin이라는 호르몬이 분비되면서 2차성징이 본격적으로 나타난다. 가장 먼저 고환이 발달하고, 그 후 테스토스테론testosterone이라는 남성호르몬이 분비된다. 테스토스테론은 남자아이의 2차성징에 가장 중요한 역할을 하는 호르몬이기 때문에 테스토스테론이 분비되면 고환과 음낭이 커지고 음모가 나는 등 몸의 변화 속도가 급속도로 빨라진다. 보통 9~14세에 이런 변화를 겪는다.

♥ 이 시기의 신체 변화 음경과 고환이 커지고 음낭의 색이 짙어진다. 음경 주위에 긴 솜털이 난다.

성장의 3단계 음낭과 고환이 더욱 커지고 음모가 짙어진다. 근육이 발달하면서 변성기에 접어든다. 일반적으로 10~15세 무렵 이 시기에 접어든다.

♥ 이 시기의 신체 변화 음경이 더 커지고 길어지며 고환이 커진다. 음모의 숱이 많아지고 곱슬거린다.

성장의 4단계 음낭과 고환이 계속 성장하며 음경의 폭과 길이가 자라난다. 정자가 생산되기 시작되면서 몽정을 하기도 한다. 겨드랑이 털과 수염, 음모가 짙어지고 체취도 심해진다. 11~16세 무렵에 나타나는 변화다.

♥ 이 시기의 신체 변화 음경이 커지고 길어지며, 고환이 커지고 검게 변한다. 음모의 모양과 양이 성인과 비슷해진다.

성장의 5단계　성장이 완료되는 시기로 근육량과 어깨너비 등을 살펴보면 성인 남성과 큰 차이가 없을 정도로 성장한다. 12~17세 무렵 이 단계에 들어선다.

　　♥이 시기의 신체 변화 음경, 고환, 음낭의 모양과 크기, 음모의 양 모두 성인과 비슷해진다.

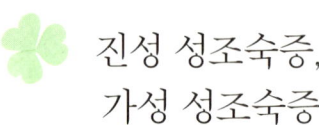
진성 성조숙증, 가성 성조숙증

성조숙증에 대한 정보를 검색하다 보면 '진성 성조숙증'이나 '가성 성조숙증'이라는 단어를 발견할 수 있다. '성조숙증에도 진짜, 가짜가 있나'라고 의문을 품을 수도 있는데, 사실 여기서 말하는 진성, 가성은 성조숙증의 원인에 따른 구분일 뿐이다.

진성 성조숙증은 뇌의 시상하부에서 GnRH가 분비되어 뇌하수체를 자극해 LH/FSH 분비가 증가하고, 이 LH/FSH가 다시 고환이나 난소에 작용하면서 성호르몬 분비를 자극하는 것을 말한다(93페이지 '성조숙증을 유발하는 GnRH' 참조).

가성 성조숙증은 시상하부나 뇌하수체의 자극 없이 약물 등 인체 외부의 자극 때문에 부신이나 난소, 고환에서 성호르몬이 과잉 분비되면서 이루어지는 2차성징을 이른다.

원인이 다른 만큼 진성 성조숙증과 가성 성조숙증의 증상도 다르다. 진성 성조숙증이 나타나면 여자아이는 유방이 발달하고, 남자아이는 고환이 4mL 이상으로 발달하는 증상을 보인다.

하지만 가성 성조숙증의 증상은 이와는 좀 다르다. 여자아이는 음모나 여드름, 턱수염이 나는 등 남성화 현상을 보이기도 하며, 남자아이는 가슴이 여성처럼 봉긋하게 발달하기도 한다. 물론 여기에서 언급한 증상이 드물게 예외로 나타나는 경우도 있다. 그렇기 때문에 육안으로만 '진성', '가성'을 판단해 진단하는 것은 매우 어려운 일이다.

또 드물긴 하지만, 진성 성조숙증의 원인이 되는 시상하부의 과오종hamartoma은 뇌종양이 원인이 될 수 있다. 그래서 진성 성조숙증 진단을 받은 아이들 중 뇌종양이 의심되는 경우에는 MRI 촬영을 하도록 권한다.

진성 성조숙증

GnRH(시상하부) 분비 → 뇌하수체 자극 → LH/FSH 분비 증가 → 고환이나 난소 자극 → 성호르몬 분비

가성 성조숙증

환경호르몬, 약물 → 부신, 난소, 고환 자극 → 성호르몬 과잉 분비

성조숙증, 왜 생기나

2011년 건강보험심사평가원의 보고에 따르면 2010년 현재 성조숙증으로 고민하는 어린이는 2006년에 비해 네 배 이상 증가했다고 한다. 2009년 식약청에서 발표한 성조숙증 실태 조사 보고서를 봐도 2004년에서 2008년까지 5년 동안 428퍼센트 늘어났다. 이처럼 성조숙증 어린이 수가 단기간에 급격하게 늘어난 이유는 무엇일까?

성조숙증 발병률이 폭발적으로 늘어난 이유로 다음의 세 가지를 들 수 있다.

1. 성조숙증에 대한 일반인의 이해가 높아지면서 병원 진단을 받는 예가 많아졌다.

2. 지난 30년간에 걸쳐 서구화된 식습관으로 호르몬 분비 체계에 변화가 생겼다.

3. 생활환경의 변화로 환경호르몬에 직접적으로 노출되거나, 예전에 비해 아이가 스트레스에 시달리는 경우도 늘어났다.

요즘에는 텔레비전이나 잡지 등을 통해 성조숙증에 대해 쉽게 접할 수 있다. 육아 카페나 인터넷 검색으로도 성조숙증 사례나 진단과 치료법 등 전문적인 정보를 간단히 찾아볼 수 있다. 이처럼 성조숙증이 하나의 '소아 질환'으로 널리 알려지면서 이전에는 '우리 애가 좀 조숙한가 보다' 하고 넘어가는 예가 대부분이었던 것에 비해 병원에서 꼼꼼하게 진단받아 성조숙증으로 판정받는 사례가 늘어난 것이다.

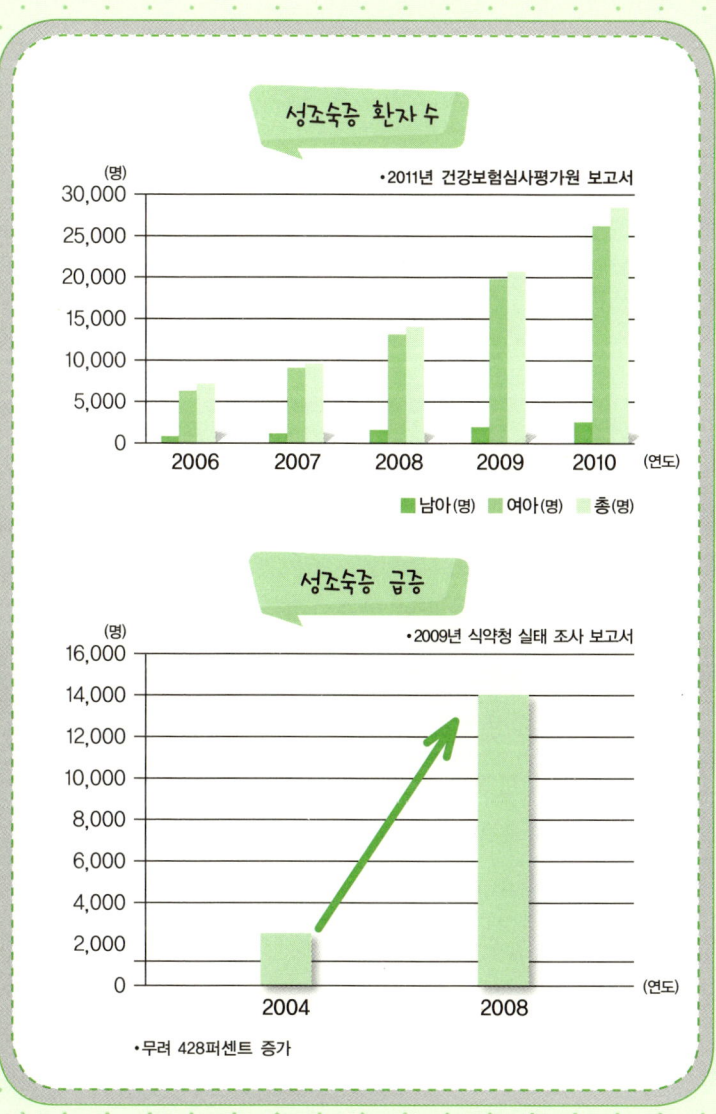

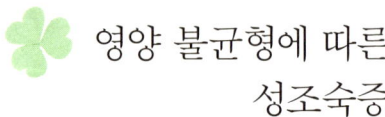
영양 불균형에 따른 성조숙증

성조숙증이 늘어난 또 다른 중대한 이유는 바로 식습관의 변화다.

현대인의 식생활은 지난 반세기 동안 큰 변화를 보였다. 이 같은 변화는 현대인의 건강 상태에 지대한 영향을 미쳐, 성장기 아이들의 건강 이상(알레르기성 질환 급증, 면역력 저하)과 체형 변화(비만 체질 급증), 성조숙증 등의 문제를 낳은 것이다.

식생활 변화에서 가장 두드러진 것은 과일, 달걀, 육류, 유제품 등의 소비 증가다. 〈표1-1〉을 보면 적게는 두 배, 많게는 20배 가량 소비가 늘어났음을 알 수 있다.

생산법에도 큰 변화가 일어났다. 자연 농법이나 방목 등을 통한 생산법에서 다양한 농법과 축산 기술을 이용해 생산량을 극대화하고 효율성을 추구했다. 그런데 일견 '발달'로 보이는 농법, 축산법의 변화는 대량생산에는 성공했지만, 대부분의 생산품이 영양소가 부족한 빈곤한 먹을거리라는 문제를 야기했다〈표1-2〉.

똑같은 배, 사과, 딸기라 해도 과거에 비해 과당, 수분 함유량은 늘어났지만 비타민이나 미네랄은 줄어들어 영양소의 빈곤이 생겨난 것이다. 영양소 부족뿐만 아니라 그 안에 함유된 각 영양소 사이의 불균형도 문제다. 즉 기술의 발달로 예전보다 질적으로 떨어지는 음식을 먹어야 하는 아이러니를 겪게 된 것이다.

영양소의 균형이 깨지면서 현대인의 건강에 많은 문제가 생겼다. 특히 적응력이 약한 아이들에게 이 문제가 더욱 심각하게 나타났다.

특정 영양소는 결핍되었으나 반대로 지방, 단백질, 탄수화물 같은 영양소만 너무 많이 섭취하면서 생긴 영양 불균형은 건강을 해칠 뿐만 아니라 호르몬 분비에도 영향을 미친다. 그 결과 아이가 충분히 성장하지 않은 상태에서 성호르몬이 분비되면서 성조숙증 증상을 보이는 것이다.

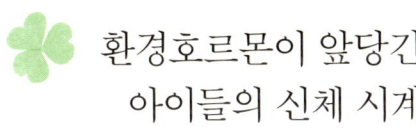
환경호르몬이 앞당긴 아이들의 신체 시계

'환경호르몬'은 실제 호르몬은 아니지만 동물이나 사람의 몸속에 들어가 호르몬처럼 작용하면서, 실제로 우리 체내에서 분비되는 호르몬 작용을 방해하거나 혼란시키는 등 내분비계를 교란시키는 물질을 말한다. '내분비계 교란 물질'이라고도 불리는 환경호르몬이 우리 몸에 흡수되면 정상적인 신체 기능이 어려워지면서 건강에 이상이 생기고, 아이들의 경우 성장과 발달에 악영향을 미치기도 한다.

특히 면역력이 약한 아이들이 영유아 무렵부터 환경호르몬을 접하면 아토피, 천식을 비롯한 각종 알레르기성 질환에 걸리기도 한다. 특히 성호르몬과 성장호르몬 분비에 이상이 생기면서 성장 장애, 성조숙증 등을 일으킨다는 연구 결과도 있다. 환경호르몬이 인체에 유해하다는 사실이 처음 밝혀진 것은 1966년 미국 매사추세츠 주에서 질암에 걸린 10대 소녀가 발견되면서부터라는 점을 생각해보면 환경호르몬이 아이들의 성장과 건강에 얼마나 해로운지를 짐작할 수 있을 것이다.

환경호르몬으로부터 아이를 보호하기 위한 좋은 방법으로는 환경호르몬이 들어간 식품이나 제품을 삼가는 방법이 있다. 환경호르몬은 대기나 토양을 통해서도 인체로 흡수되기 때문에 대도시에 살고 있는 이상 환경호르몬을 아예 접하지 않고 사는 것은 불가능하다. 그러니 적어도 내 아이의 입을 통해 환경호르몬이 흡수되지 않도록 막아주는 것이 최선책이다.

가급적이면 농약이나 보존제 등 후처리제를 사용하지 않은 농산물을 골라 먹고 포장용 랩이나 플라스틱 음식 용기, 음료수 캔, 페트병에 든 식음료는 피하자. 불가피하게 써야 한다면 환경호르몬이 검출되지 않도록 만든 제품인지를 확인하고 고르면 안심할 수 있다.

성조숙증을 유발하는 GnRH

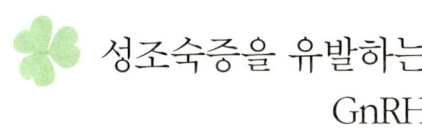

　이번에는 좀 어려울 수 있는 의학적인 얘기를 해볼까 한다. 바로 성조숙증의 '발생 기전'에 대한 설명이다.

　종종 아이가 성조숙증이라고 진단받았을 때 쉽게 납득하지 못하는 보호자들이 있다. 이미 신체적 변화가 시작되었다면 이해가 빠르지만 그렇지 않다면 왜 그런 변화가 오는지 의문을 가질 수밖에 없다.

　성조숙증은 우리 머릿속의 아주 작은 부위인 '시상하부'라는 곳에서 시작된다. 시상하부는 호르몬 분비를 조절하는 기관이다. 그런데 시상하부에서 관장하는 호르몬 중 하나가 바로 '성선 자극 호르몬 방출 호르몬Gonadotropin Releasing Hormone, GnRH'이라는 호르몬이다. 이름 그대로 '성선(생식샘)을 자극하는 호르몬을 배출하는 호르몬'이다. 이 호르몬의 분비와 함께 사춘기가 시작되므로, 아이의 성장에 중요한 역할을 하는 호르몬이라 할 수 있다.

그런데 사춘기 전까지는 신경세포가 이 GnRH를 억제한다. 때가 아닌데 함부로 분비되지 않도록 신경세포가 브레이크를 걸고 있는 셈이다. 그러다가 사춘기에 접어들면서부터 서서히 브레이크가 풀리면서 호르몬이 분비되기 시작한다.

GnRH는 분비량에서도 다른 호르몬과 차이를 보인다. 일정한 양의 호르몬이 꾸준히 분비되는 것이 아니라 순간적으로 분비되었다, 멈췄다 하는 파동성을 보인다. 밀물과 썰물처럼 흐름이 있는 파도 같은 형태다.

그렇게 파도를 그리며 분비되는 GnRH는 시상하부 아래에 있는 뇌하수체 생식 자극 세포를 자극해 황체 형성 호르몬Luteinizing Hormone, LH, 난포 자극 호르몬Follicle Stimulating Hormone, FSH의 분비를 촉진한다. 이때부터 2차성징이 나타난다.

남자아이는 남성호르몬이 활발하게 분비되면서 고환이 커지는 등 신체 변화를 겪고, 여자아이는 여성호르몬이 분비되면서 유방이 발달하고 생리를 시작하는 등 사춘기에 접어든다.

그렇기 때문에 성조숙증을 예방하기 위해선 성조숙증의 시발점인 GnRH에 영향을 미치는 요인에 대해 제대로 알고 있어야 한다.

GnRH에 영향을 미치는 요소는 다양하지만 그중 가장 큰 요소는 '유전적 요인'이다. 그다음으로는 건강 상태, 영양 상태, 건강이나 환경 요소 등이 유발하는 호르몬 변화, 환경호르몬이라 불리는 중금속에 의한 내분비 교란, 극심한 스트레스나 잘못된 생활 습관 등이 있다. 특히 GnRH가 분비되는 시기에는 이런 요소의 영향력도 커지면서 성조숙증을 유발하는 원인이 되기도 한다.

 성조숙증 진단

    가슴이나 고환 발달 등 직접적인 2차성징에 앞서 발이 커지고 두피에 기름이 끼면서 평소와는 다른 체취가 나는 등 변화를 보이면 바로 전문의의 진단을 받아보는 것이 좋다. 여자아이는 만 5~6세, 남자아이는 만 6~7세부터 소아 내분비 전문의의 주기적인 진료를 받는 것이 바람직하다. 만약 주기적인 진료를 받기 어렵다면 1년에 1~2회가량 성장판을 통한 관찰만이라도 해두기를 권한다.
    진료나 검사를 권하는 것은 아이의 이상을 찾아내는 것이 아니라 아이의 건강한 성장을 확인하기 위해서이다.
    성조숙증을 정확하게 진단하기 위해선 무엇보다도 아이의 전반적인 성장과 발달을 주기적으로 체크해야 한다. 부모와 상담해 부모의 유년 시절과 사춘기 무렵의 성장 속도에 대해 듣는 것도 필요하다. 성장에서 유전적인 요인을 무시할 수 없기 때문이다. 하지만 가장 중요한 것은 성장판과 골 연령 측정, 성선 자극 검사 등을 통해 확인한 수치를 소아 내분비에 대한 전문적인 지식으로 판단하는 것이다.

진료실 상담

성조숙증의 진단은 진료실에서 시작된다. 진단은 반드시 아이와 부모가 함께한 상태에서 이뤄져야 하는데, 부모에게 아이의 나이를 묻고 그다음에는 출생 후 지금까지 이루어진 아이의 성장과 발달 과정에 대해 의사가 정확하게 파악해야 한다.

아이가 특이한 질병에 걸린 적이 있는지, 그 치료를 위해 특정 약물을 장기간 복용한 적은 있는지 여부도 중요하다. 평상시 식습관을 물어 아이의 영양 상태에 대해 살피는 것도 꼭 필요하다. 식습관을 알고 있어야 성조숙증의 원인이 된 식습관을 지적하고, 이에 대한 개선책을 마련할 수 있다.

또 엄마와 아빠를 비롯한 식구들의 사춘기 시기와 발달 양상을 물어 유전적 성향을 파악해야 성조숙증 발병에 유전적 영향은 없는지 알 수 있다. 그 외에 아이의 성장에 대해, 혹은 육아와 관련해 부모가 느끼는 불안 요소에 대해서도 정확하게 알아두어야 한다. 부모의 심리 상태는 아이의 치료에 무엇보다도 큰 영향을 미치기 때문이다.

물론 아이에 대해 살펴보는 것도 빼놓아선 안 된다. 아이의 체형을 살펴보고, 아이와 대화해 성격적인 특성과 아이의 현재 상태를 파악한 다음 이후 시행할 검사 수치와 종합해 성조숙증 여부를 판정하게 된다.

골 연령 검사

상담이 끝나면 본격적으로 검사에 들어간다. 먼저 왼쪽 손과 손목의 X-레이 사진을 찍어 골 연령을 측정해 아이의 성장이 어느 단계에 이르렀는지 확인한다.

골 연령은 뼈의 성숙 정도를 통해 측정한 생체적인 몸의 나이를 말하는 것으로, 실제 나이와 골 연령이 일치하지 않을 수도 있다. 실제 나이와 골 연령이 일치하지 않을 때는 몸의 이상을 의심할 수 있다.

실제 연령보다 골 연령이 낮다면 성장호르몬 결핍증, 갑상선 호르몬 결핍증, 쿠싱 증후군, 영양 결핍 등을 의심할 수 있다. 반대로, 골 연령이 실제 나이보다 높게 나왔다면 성조숙증을 비롯해 갑상선 기능 항진증, 비만 등을 의심할 수 있다.

그렇기 때문에 골 연령 검사는 아이들의 성장 정도를 알아볼 수 있는 바로미터 역할을 한다. 아이의 현재 성장 단계가 어느 정도인지 알아볼 수 있고 성조숙증 진단, 성인 신장 예측에도 도움이 되기 때문이다.

골 연령 측정은 성인이 된 후 최종 키를 예측하는 데도 쓰이므로 아이의 성장에 관심이 있다면 빼놓지 말아야 할 검사다. 그렇기 때문에 아이의 2차성징에 특별한 우려가 없다 해도 6개월~1년에 한 번은 골 연령을 측정할 것을 권한다. 골 연령 측정은 첫 검사가 아니라 검사를 거듭해 기록이 쌓여야 비로소 수치로서 의미가 있는 검사이기 때문이다.

첫 번째 검사에서는 또래 아이들과 비교해야 아이의 성장 단계를 추정할 수 있다. 또래 아이들에 비해 빠르다, 느리다 정도만 확언할 수 있다. 하지만 두 번째 검사 결과부터는 얘기가 달라진다. 이때부터는 이전의 검사 결과와 비교해 아이의 성장 속도를 알아볼 수 있다.

만약 첫 번째 검사에서 또래 아이들에 비해 골 연령이 높게 나왔어도, 두 번째 검사에서 첫 번째와 비교했을 때 변화가 크지 않다면 다소 마음을 놓아도 된다. 하지만 반대로 첫 번째 검사에서 평균치로 나왔더라도 두 번째 검사에서 전번에 비해 놀랄 만큼 빠른 변화를 보일 수도 있다. 이처럼 아이의 성장은 지속적으로 이뤄지기 때문에 한 번의 검사만으로 판단하는 것이 아니라 실제 시간의 흐름 속에서 주의 깊게 추적, 관찰해야 한다.

골 연령 측정에 대해 한 가지 덧붙일 점이 있다. 골 연령은 성조숙증 진단에서 빼놓을 수 없는 중요한 검사이지만, 골 연령 하나만으로 성조숙증을 진단할 수 없다는 점이다. 골 연령은 판독 단계에서 오차 범주가 크기 때문에 문진과 호르몬 검사 등 다른 검사와 병행해야 확실한 결과를 얻을 수 있다.

골 연령 측정법

골 연령을 측정하기 위해 손과 손목뼈를 찍어 그 모양을 살펴본다. 흔히 '성장판 사진'이라고 하는 검사법이다. 이러한 측정 방법은 1959년에 개발된 그로일리히-파일$^{Greulich-Pyle}$법을 기본으로 한다. 환자의 손과 손목뼈 사진을 표준 샘플과 비교해 근접한 골 연령을 측정하는 것이다.

이 검사의 한계는 의료진에 따라 판독이 다를 수 있다는 것이다. 또 손과 손목뼈의 성숙 정도가 서로 다르면 평균치를 내 조정하기 어렵다는 점도 문제다. 그렇기 때문에 골 연령 측정만으로는 성조숙증을 진단할 수 없고, 반드시 다른 진단과 병행해야 한다.

참고로 골 연령 측정에 사용되는 손과 손목뼈는 요골^{radius}과 척골^{ulna}, 제1·3·5 중수골^{metacarpal}, 제1·3·5 기절골$^{proximal\ phalanges}$, 제3·5중절골$^{middle\ phalages}$, 제1·3·5 말절골$^{distal\ phalanges}$, 유두골^{capitate}, 유구골^{hamate}, 삼각골^{triquetral}, 월상골^{lunate}, 주상골^{scaphoid}, 대능형골^{trapezium}, 소능형골^{trapezoid} 등 20개다.

어릴 때 조숙한 여자아이

여자아이는 남자아이에 비해 출생 단계부터 골 성숙 속도가 빠르다. 흔히 여자아이가 또래 남자아이에 비해 빨리 성장하는 듯 보이는 것도 이 때문이다. 그 대신 여자아이의 성숙은 남자아이에 비해 약 2년 정도 빨리 완료된다. 사춘기를 기점으로 여자아이와 남자아이의 성숙도가 바뀌는 것이다.

호르몬 검사

보통 '성조숙증'이라고 하면 성호르몬계의 이상을 떠올리는 사람이 많을 것이다. 그런데 성조숙증에 영향을 미치는 호르몬은 다양하다. 그래서 성조숙증을 진단하기 위해서는 다양한 호르몬 검사를 해야 한다.

갑상선호르몬과 성장호르몬은 성조숙증에 큰 영향을 미친다. 에너지 대사 작용을 하는 인슐린도 반드시 체크해야 하는 호르몬이다. 그 외에도 성장호르몬이 간에서 대사되면서 분비되는 2차적인 호르몬들도 반드시 살펴보고, 또래 아이들의 분비량과 비교해 이상이 없는지 확인해야 한다.

가장 우선적으로 이뤄지는 검사는 성호르몬 검사다. 남자아이는 테스토스테론, 여자아이는 에스트로겐 검사를 하는데, 만약 1회 검사에서 수치가 0.3~0.4IU/L 이상이면 의심하게 되지만 민감도가 낮아 이것만으로 진단을 내리기 어렵다. 그래서 더 정확한 검사를 위해 성선 자극 검사를 한다.

성호르몬은 24시간 일정하게 분비되는 것이 아니라, 일정한 간격을 두고 분비된다. 그래서 성선 자극 검사에는 두 시간 정도 소요된다. 먼저 성호르몬 분비를 자극하는 GnRH를 투여한 다음 15분 간격으로 성호르몬(LH/FSH) 수치의 변화를 체크한다.

LH는 GnRH를 투여한 다음 15~45분 뒤에, FSH는 45~90분 뒤에 최고치를 기록한다. 특이한 점은 사춘기 전후의 상승 속도가 다르다는 사실이다. 사춘기 전에는 2~4mU/mL 수준의 상승을 보이던 것이, 사춘기가 시작되면 5mU/mL 이상의 증가를 보이고, 사춘기 진행 정도에 따라 반응이 점점 더 뚜렷해진다. 아이의 사춘기를 정확하게 측정할 수 있는 바로미터가 되는 셈이다.

만약 성선 자극 검사 결과가 골 연령이나 발 사이즈, 키 성장 등 성장 속도와 가슴이나 고환의 발달 등 2차성징을 보이는 등의 임상 소견과 일치한다면 성조숙증으로 진단을 내린다. 하지만 임상 소견으로는 성조숙증이 우려되지만 검사 결과는 5mU/mL 이하라면 추적 검사를 할 필요가 있다.

뇌 자기공명영상 Brain Magnetic Resonance Imaging, Brain MRI

뇌의 이상으로도 성조숙증이 초래될 수 있다. 시상하부 과오종이라는 질환이나 뇌염 후유증, 뇌수종, 머리 부상 또는 피부섬

유종, 성상세포종, 상의세포종 등 뇌 질환에 따른 성조숙증을 알아내기 위해서는 뇌 자기공명영상을 촬영한다.

주로 여자아이보다는 남자아이에게서 더 많이 나타나는데, 뇌 자기공명영상 검사 대상은 6세 이하 여자아이와 진성 성조숙증을 보이는 모든 연령의 남자아이다.

유전과 영양 분석

성조숙증의 근본적인 원인으로는 유전과 영양 상태를 들 수 있다. 유전적 소인 유무는 면담에서 확인한다. 부모의 유년기와 사춘기 무렵의 신체 발달과 성장에 대해 알아보고, 그 내용을 바탕으로 유전 여부를 파악한다.

영양 분석은 좀 더 심도 깊게 이뤄진다. 아이의 1일 섭취 칼로리와 그중 단백질 : 탄수화물 : 지방의 비율, 양질의 영양소를 섭취하는지 여부 그리고 아침, 점심, 저녁, 간식의 식사 내용과 칼로리 섭취 비율 등을 확인해 아이의 영양 섭취 상태에 대해 점검한다.

이 과정을 통해 아이가 얼마나 좋은 음식을 먹고 있는지가 아니라 영양을 얼마나 균형 있게 섭취하고 있는지 알아본다.

모발검사

    섭취한 음식이 모두 체내에 흡수되는 것은 아니다. 모발검사를 하면 세포 내에서 실제로 미네랄을 이용하는 정도를 확인할 수 있다. 따라서 내 몸에 어떤 영양소가 얼마만큼 흡수되었는지 알 수 있어 식이요법으로 미네랄 밸런스를 맞추는 데 도움이 된다.

    미네랄은 그 자체로도 매우 중요한 작용을 하는 영양소인데, 특히 갑상선호르몬이나 부신피질 호르몬, 인슐린 등 에너지 대사와 관련한 호르몬의 기능을 활성화하는 역할을 한다. 따라서 모발검사를 통해 에너지 대사와 관련한 호르몬의 기능을 확인할 수 있다.

    간혹 물만 먹어도 살이 찐다거나, 아무리 먹어도 살이 찌지 않는다는 아이들을 볼 수 있다. 그런데 이는 우리가 흔히 말하는 '체질'의 문제가 아니라 에너지 대사율의 차이에 의한 것이다. 모발검사로 확인한 미네랄 밸런스를 통해 에너지 대사율을 알아내 체중 과다나 체중 미달의 원인을 파악할 수 있다.

    우리는 다양한 환경호르몬과 중금속에 노출되어 있다. 환경호르몬과 중금속이 체내에 쌓이면 호르몬 이상을 야기해 성조숙증을 유발할 수 있는데, 모발검사로 환경호르몬과 중금속의 체내 축적도를 확인할 수 있다.

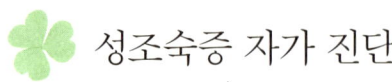 성조숙증 자가 진단

 흔히 '성숙하다'라고 말하지만, 사실 '성숙'의 정도를 객관적으로 표시하기는 힘들다.
 성숙도는 키나 체중, 나이 등 객관적인 수치로 측정할 수 있는 것이 아니다. 아이가 태어나서부터 만 21세까지 꾸준히 성숙 과정을 거쳐 성인이 된다. 그 과정에는 키가 자라고 몸무게가 늘어나는 외형적인 성숙도 있고, 심장·간·신장 기능, 면역력, 두뇌 발달, 호르몬의 변화 등 눈에 보이지 않는 신체 내부의 성숙도 있다. 외적인 성숙과 내적인 성숙이 아우러지면서 아이는 서서히 어른으로 자란다.
 그렇기 때문에 성숙도는 눈에 보이는 것만으로 판단할 수 없다. 당장은 또래 아이들보다 키가 크다고 해도 시간이 지나 점점 또래 집단의 성장 속도를 따라가지 못하고 작은 키가 될 수도 있고, 그 반대의 예도 있을 수 있다. 중요한 것은 또래에 비해 너무 빠르지도, 늦지도 않은 '적절한' 성숙도를 유지하는 것이다. 그러기 위해서는 아이의 성조숙증을 미리 알아차려 적절한 치료를 하는 것이 중요하다.

성조숙증은 어느 순간 폭발적으로 진행되어 빠르면 2~3개월 만에 손을 쓰지 못할 정도까지 될 수 있기 때문에 평소 아이의 성장을 눈여겨보다가 다음 중 일치하는 항목이 있다면 빨리 전문의를 찾아가 검사를 받는 것이 좋다.

성조숙증 자가 진단

자가 진단만으로 아이가 성조숙증이라고 단정할 수 없다. 어디까지나 '성조숙증일 확률이 높다'라고 예측할 수 있을 뿐이다. 전문의의 진단을 받아야 좀 더 정확한 결과를 얻을 수 있다.

남자아이

1. 엄마나 아빠가 또래보다 사춘기가 빨랐거나, 성장이 조기에 멈춘 가족력이 있다.
2. 아기 때부터 또래보다 성장 발육이 빨랐다.
3. 복부 비만 체형이다.
4. 최근 들어 발 사이즈가 급속도로 커졌다.
5. 키가 크는 속도가 빨라졌다.
6. 코 밑이나 턱, 겨드랑이, 다리 또는 음부를 손으로 만졌을 때 까칠함이 느껴진다.
7. 최근 들어 고환을 이루는 피부색이 검게 변했다.
8. 최근 들어 고환의 크기가 커졌다(고환 크기가 25cm, 4mL를 넘는다면 사춘기로 접어들었음을 의심할 수 있다).
9. 최근 들어 땀이 많아지고, 체취가 진해지는 등의 변화가 생겼다.
10. 최근 들어 머리에 기름이 끼거나 비듬이 생겼다.
11. 여드름이 난다.

12. 다리에 근육이 생기는 등 체형이 변했다.
13. 텔레비전이나 잡지 등에 나오는 이성의 모습에
    관심을 보이거나 부끄러워하는 일이 많아졌다.
14. 또래 아이들에 비해 여자 친구, 남자 친구의 구분이 뚜렷해졌다.
15. 최근 들어 사용하는 언어에 변화가 생겼다.
16. 최근 들어 반항이 늘었다.
17. 최근 들어 아이의 성격에 다음과 같은 변화가 나타났다.
    ① 평소에 비해 무례한 말투를 사용한다.
    ② 이유 없이 화를 내는 등 감정 변화가 갑작스러워졌다.
    ③ 엄마와는 대화가 안 된다며 피하려 한다.
    ④ 아빠와 나누는 스킨십이 줄거나, 그 방식이 바뀌었다.
    ⑤ 부모나 선생님보다는 친구의 말을 더 중요하게 여긴다.
    ⑥ 공부에 관심을 잃고, 평소와 다른 것에 대한 관심이 늘었다.
    ⑦ 사소한 일에 화를 내며 말과 행동으로 보인다.
    ⑧ 하는 말이 다소 허황되거나 과장된 표현을 쓴다.

여자아이

1. 엄마나 아빠가 또래보다 사춘기가 빨랐거나,
   성장이 조기에 멈춘 가족력이 있다.
2. 아기 때부터 또래보다 성장 발육이 빨랐다.
3. 복부 비만 체형이다.

4. 최근 들어 발 사이즈가 급속도로 커졌다.
5. 키가 크는 속도가 빨라졌다.
6. 겨드랑이나 다리 또는 음부를 손으로 만졌을 때 까칠함이 느껴진다.
7. 최근 들어 가슴에 몽우리가 만져지거나, 통증이 생겼다.
8. 유두와 유륜의 경계가 분명해지면서 유륜의 색이 변했다.
9. 최근 들어 땀이 많아지고, 체취가 진해지는 등의 변화가 생겼다.
10. 속옷에 냉과 같은 분비물이 묻어난다.
11. 최근 들어 머리에 기름이 끼거나, 비듬이 생겼다.
12. 여드름이 난다.
13. 골반(엉덩이)이 넓어지거나 모양이 변했다.
14. 최근 들어 아이의 성격에 다음과 같은 변화가 나타났다.
　① 말이 없어졌다.
　② 이유 없는 화와 짜증이 늘어나는 등 갑작스러운 감정 변화를 보인다.
　③ 혼자 있고 싶어 한다.
　④ 친구들과 은밀한 대화를 나누는 일이 늘어났다.
　⑤ 옷이나 외모에 대한 관심과 비관적 소견이 늘었다.
　⑥ 엄마나 부모가 사주는 옷에 대해 불평하고 스스로 쇼핑하고 싶어 한다.
　⑦ 가족과 어울리는 것을 싫어하게 됐다.

 왜
성조숙증 치료가
필요할까요?

진료실에 있다 보면 이런 질문을 종종 듣게 된다.

"성조숙증이 왜 문제죠? 조숙하다는 얘기 아닌가요?"

물론 '조숙하다'라는 것은 흉이 될 수 없다. 오히려 아이가 어른스럽고 점잖고 사려 깊다는 의미에서 칭찬의 말이 될 수 있다. 하지만 이것은 어디까지나 성품에 한해서다. '몸'이 조숙하다는 것은 아이가 절대로 들어서는 안 될 표현이다. 성장에서 무엇보다도 중요한 것은 '균형'이기 때문에 일단 성조숙증이 시작되면 신체 다른 부분의 성장에도 균열이 생기게 된다.

흔히 성조숙증의 문제를 말할 때 '성장 장애'를 떠올리는 사람이 많을 것이다. 실제로 성조숙증이 유발하는 성장 장애는 부모들이 걱정하는 가장 큰 문제이기도 하다.

한창 성장해야 하는 8~10세의 어린 나이에 성조숙증이 시작되면 성장판이 일찍 닫혀 정상적인 사춘기를 거친 아이들에 비해 키가 잘 자라지 않는다. 그 결과 성인이 되었을 때 키가 작을 확률이 높아진다. 특히 여자아이는 생리가 시작되면 성장이 매우 더뎌지기 때문에 초경 후 5~7센티미터 정도만 더 자라고 성장이 멈추기도 한다. 이는 키도 하나의 필수 조건처럼 여겨지는 요즘 같은 세태에 아이의 자존심을 상하게 하는 요인이 아닐 수 없다.

성조숙증의 문제는 이뿐만이 아니다. 성호르몬의 빠른 분비는 다른 호르몬계에도 영향을 미쳐 호르몬 이상을 불러일으키기도 한다. 호르몬의 균형이 깨지면서 비만이 되기도 하고, 여러 가지 성인병에 노출될 우려도 커진다.

정신적인 부분에 미치는 영향도 크다. 아직 어른이 될 준비가 되지 않은 아이가 어른 같은 몸으로 성장했을 때 느끼는 스트레스는 상상을 초월할 정도로 크다.

마음은 아직 어린아이인데 몸만 어른이 된다는 것은 매우 위험한 일이다. 자신의 몸에 대해 책임을 질 만한 능력이나 지식이 없는 어린아이가 '성인의 몸'으로 성장하게 됐을 때 일어날 수 있는 문제에 대해 생각해보자.

임신, 출산에 대한 이해 능력이 없는 8~10세 여자아이가 생리를 시작했을 때, 자신의 몸에 생긴 변화를 제대로 이해하지 못하는 상태에서 매달 '생리'라는 번거로움을 감수해야만 한다. 생리 뒤처리나 생리통 등은 아이가 감당하기 힘든 고통이자 극심한 스트레스가 될 것이다. 또 또래 아이들과 다른 자신의 몸에 대해 콤플렉스를 갖게 되어 성격 형성에 영향을 미칠 우려도 크다. 여기에 '더 이상 키가 클 수 없다'라는 사실까지 더해진다면 하루하루 키가 크기만을 바라던 아이는 크게 실망하고 좌절할 것이다.

신체 발육과 함께 이뤄지는 성호르몬 분비는 어린아이에게 사춘기 청소년과 다를 바 없는 성적 호기심을 유발한다. 자기 몸에 대한 자제력이 사춘기 청소년보다 훨씬 부족한 어린아이가 성에 관심을 갖게 되면서 생기는 부작용은 상상을 초월한다. 정신과 육체의 불균형, 자신의 몸이 또래 집단과 다르다는 사실 등은 아이에게 신체적 문제를 넘어 정신적인 문제를 야기할 수도 있다.

특히 남자아이들은 나이에 걸맞지 않은 성 충동을 느끼는 등 성에 일찍 눈 뜰 확률이 높아진다. 이런 아이들은 제대로 된 성

교육을 받기 전에 또래나 인터넷을 통해 그릇된 성 지식을 습득하거나, 잘못된 방법으로 성 충동을 해소하려 드는 등의 문제를 겪으면서 또 다른 문제를 일으키기도 한다.

성조숙증의 문제

1. 아이가 받아들이기엔 벅찬 변화로 정서적인 면에 문제가 생길 수 있다.

2. 또래들과 어울리는 데 문제가 될 수 있다.

3. 신체의 변화와 사고의 성숙이 조화를 이루지 못해 불안감을 느끼게 된다.

4. 키 성장 문제로 이어질 수 있다.

5. 검사 수치 등으로 확인이 불가능한 생리적 기능의 성숙에 대해 불안감을 가질 수 있다.

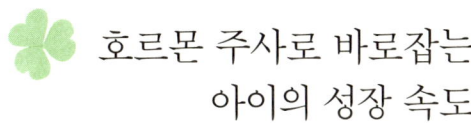# 호르몬 주사로 바로잡는 아이의 성장 속도

성조숙증의 가장 큰 원인은 유전적 요인이다. 엄마나 아빠의 사춘기가 빨랐다면 아이가 자라나는 동안 성조숙증 예방 습관을 들이고, 아이가 사춘기에 들어서기 이전(여자아이는 만 8세 이전, 남자아이는 만 9세 이전)에 검사를 받아 성조숙증 여부를 확인해보는 것이 좋다. 성조숙증 치료는 빠를수록 효과가 좋고, 치료보다 예방이 중요하다는 점을 명심하자.

성조숙증 치료 목표는 성호르몬 분비를 최대한 억제해 2차 성징을 늦춰 빨라진 아이의 성장을 최대한 표준편차에 맞도록 유도하는 것이다. 이를 위해 흔히 '호르몬 주사'라고 불리는 주사 치료를 한다.

성조숙증 치료에 사용하는 호르몬은 2차성징을 유도하는 GnRH를 억제하는 호르몬이다. 주사를 맞으면 성조숙증을 유발하는 GnRH의 분비가 억제되면서 성조숙증의 진행이 억제된다.

체내에서 자연적으로 생성되는 것이 아니라 인위적으로 주입하기 때문에 주기적으로 주사를 맞지 않으면 호르몬 억제 효과를 기대할 수 없다. 보통 치료 주기는 28일인데, 최소 2~3년 정도는 빼놓지 않고 꾸준히 주사 치료를 받아야 효과를 볼 수 있다.

물론 호르몬 주사의 효과는 아이에 따라 다르게 나타난다. 유전적 요인과 성조숙증이 나타나기 시작한 시기에 따라 효과가 나타나는 시기와 정도도 달라진다. 치료를 일찍 시작할수록 효과가 높고, 같은 나이라도 골 연령이 낮을수록 효과가 높다. 일반적으로 여자아이는 12세, 남자아이는 13세를 넘기면 사춘기 시작 연령에 들어서게 되어 성조숙증 치료 대상에서 벗어난다. 이 연령 이후로는 성장 정도에 따라 성장을 돕기 위한 성호르몬 억제 치료를 위해 간혹 처방되기는 하지만, 성조숙증을 치료하기 위해 처방되는 일은 없다. 성조숙증으로 건강보험공단의 보험 대상이었던 아이들도 이 연령 이후로는 보험 대상에서 제외된다.

똑같이 '호르몬 주사'라는 별칭으로 불리지만, 성조숙증 치료에 쓰이는 '호르몬 주사'와 키 성장을 위한 '호르몬 주사'는 엄연히 다르다. 성조숙증 치료에 쓰이는 성호르몬 억제 호르몬 주사는 키 성장에 영향을 미치지 않기 때문에 아이의 키를 키워주고 싶다면 키 성장을 위한 성장호르몬 치료를 병행할 수 있다.

물론 키 성장을 원한다고 해서 무조건 치료를 병행하는 것은 아니다. 성조숙증 치료 시작 단계에서 평균 키 이상이거나 예측 성인 신장이 크다면 키 성장 치료를 받지 않아도 된다.

보통 성조숙증 검사 결과로 나온 예측 성인 신장이 아주 작거나, 골 연령이 실제 나이보다 많이 빠른 경우, 성조숙증 치료를 진행하는 동안 성장이 더딜 경우에 키 성장 치료를 병행할 것을 권한다.

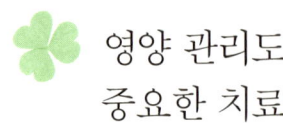# 영양 관리도
중요한 치료

성조숙증 치료와 반드시 병행하는 것이 영양 관리와 식습관 교정이다.

균형 잡힌 영양 섭취가 중요하니 밀가루 음식과 흰쌀밥, 인스턴트식품, 과자 등 단 음식과 패스트푸드 대신 5대 영양소가 고루 함유된 자연식 식단으로 아이들의 밥상을 채워주기를 권한다.

5대 영양소 중 가장 중요한 것은 단백질인데, 아이의 성장을 고려한다면 동물성 단백질 섭취에 각별히 신경 써야 한다. 동물성 단백질에는 성장기 아이에게 꼭 필요한 필수아미노산이 고루 들어 있기 때문이다. 아이의 성장과 발달, 체형, 식습관 등을 고려해 동물성 단백질과 식물성 단백질의 비율을 맞추어주는 식단을 추천한다.

　패스트푸드와 인스턴트식품. 시판 음료수, 시판 과자 등을 과도하게 섭취하면 영양 불균형을 초래할 뿐만 아니라 환경호르몬에 노출될 위험도 커진다. 아무리 좋은 환경에서 아이를 키운다고 해도 음식물을 통해 환경호르몬을 접하면 아이의 성장에 악영향을 끼치니 주의하자. 아이가 환경호르몬에 얼마만큼 노출되어 있는가는 모발검사를 통해 얻은 중금속 수치로 확인할 수 있다.

Part 3

성조숙증 치료가
어려운 진짜 이유

성조숙증에 대한 오해와 진실

병원에서 아이가 성조숙증이라는 진단을 받았어요.
의사 선생님은 치료만 하면 괜찮아진다고,
안심하라고 다독여주셨지만 아이 아빠는 치료하지 않아도
괜찮다고 다그치네요. 선생님 말을 들으면 부부 싸움이
날 것 같고, 남편 말을 듣자니 아이의 성장이 걱정되고…….
가운데에서 이러지도 저러지도 못하는 입장이에요.
아이는 "엄마, 아빠가 내 키를 책임질 수 있어?"라고
소리치며 울기만 하는데 도대체 어떻게 해야 할까요?

Dr. Koh의 한마디

"성조숙증 치료에서 가장 어려운 점은 보호자의 몰이해와 비협조적인 태도입니다. 치료를 받으면 얼마든지 정상적으로 성장할 수 있는데도 '놔두면 알아서 큰다'며 고집을 피우거나 잘못된 생활 습관을 개선하도록 아이의 옆에서 도움을 주는 대신 귀찮다며 예전의 습관을 고집하는 부모야말로 치료에 가장 큰 장애물입니다."

조숙한 게 병?
할머니 상식으론
이해가 안 간데요

진료실을 찾은 일곱 살 난 남자아이는 키가 139센티미터, 체중은 39킬로그램이었다. 아이의 몸은 이미 청소년의 영역으로 들어서고 있을 정도로 성장이 진행되고 있었다. 골 연령과 호르몬 검사 결과 성조숙증이라는 진단을 받고 돌아간 아이는 일주일 후에 다시 진료실을 찾았다. 달라진 점은 엄마와 둘이 왔던 초진 때와는 달리 이번에는 할머니도 함께였다는 점이었다.

할머니가 진료실에 '뜨신' 이유는 간단했다. 당신 눈에는 아주 '남자답게' 보이는 손자에게 '병'이라는 판정을 내린 의사에게 한바탕 퍼부어주기 위해서였다.

할머니의 얘기도 일리는 있다. 옛날이야기에 나오는 장수들은 모두 유년 시절부터 남들보다 빠른 성장과 큰 몸집을 자랑하지 않던가. 그러니 할머니 눈에는 유치원생인데도 초등학교 고학년처럼 보이는 손자가 남들보다 뛰어나 보였던 것이다. 아이가 할머니나 할아버지와 가깝게 지내는 경우 종종 일어나는 일이다.

이럴 때 할머니의 생각이 잘못됐다고 몰아붙이는 것은 오히려 역효과를 낼 뿐이다. 효과적인 치료를 위해서는 아이가 스트레스를 받지 않도록 하는 것이 중요한데, 가족 간의 갈등은 아이의 스트레스와 불안감을 극대화하기 때문이다. 옛날과는 상황이

달라졌다는 점을 분명히 말씀드리고 이해를 구하는 것이 최선책이다.

　예전에는 아이가 성조숙증을 유발하는 생활환경이나 식습관에 노출될 우려가 없었기 때문에 유전적 요인으로 성장 속도가 빨라진다고 해도 요즘처럼 10세 이전에 생리를 하거나 고환이 발달하는 등 극단적인 성조숙증 증상이 나타나는 예는 없었다. 하지만 요즘에는 상황이 달라졌다. 빠른 성장은 자랑이 아니라 걱정이 되는 시대가 된 것이다.

　늦겨울, 일시적으로 내리쬐는 따뜻한 햇살에 봄이 왔다고 착각해 싹을 틔운 씨앗은 봄이 되기 전에 성장을 멈추고 웃자란다. 사람도 마찬가지다. 때가 되지 않았는데 신체가 발달하기 시작했다면 성장에 이상이 나타나는 시기가 반드시 찾아온다.

　시대가 변하면 상식도 변한다. 병도 마찬가지다. 옛날의 상식으로 현재의 병을 대하면 안 된다는 사실을 확실히 인식해야만 성조숙증에 대해 위기의식을 갖고 진지하게 치료에 임할 수 있다.

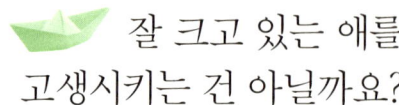 ## 잘 크고 있는 애를 고생시키는 건 아닐까요?

"안 클 애한테 주사를 맞힌다고 키가 제대로 클까요? 그냥 놔둬도 잘 컸을 애한테 주사니 뭐니 해서 괜히 고생만 시킨 건 아닐까요? 인터넷을 보면 '의사들은 이것저것 시키기만 한다'라고 불평하는 글이 많은데 정말로 멀쩡한 애한테 치료를 강요하는 거면 어떡하죠?"

인터넷 게시판이나 메일을 통해 문의해오는 고민 중 하나다. 성조숙증 치료에는 큰 문제가 하나 있다. 증상이 호전되는 정도를 짧은 시간 내에 눈으로 확인할 수 없다는 것이다. 암이라면 항암 치료 후 종양이 작아지는 정도를 눈으로 확인할 수 있다. 심지어 가벼운 감기도 기침, 콧물, 발열 등의 증상이 사라지면 '다 나았다'라고 자각할 수 있는데 성조숙증은 치료 결과를 알기 위해서는 긴 시간이 필요하다. 또 빠른 사춘기를 정상적 수준으로 관리하다 보니 치료로 얻은 정상 성장을 치료하지 않아도 정상인 것으로 오해하기도 한다.

호르몬 주사를 맞았기 때문에 아홉 살 때 나타났을 초경이 열한 살로 미뤄진 건지, 그대로 뒀으면 순식간에 성인 남성의 생식기로 성장했을 텐데 치료 덕분에 속도가 늦춰진 건지 부모 입장에선 확인할 길이 없다. 그래서 많은 보호자들이 치료가 끝난 후 고민에 빠진다.

"치료를 했기 때문에 나타난 결과일까?"

치료에 대한, 의료진에 대한 신뢰가 필수

자동차 정기 점검을 생각해보자. 유능한 카센터 직원이라면 자동차의 이상을 파악한 후 이상을 방치했을 때 나타날 문제에 대해 조언을 할 것이다. 조언에 따라 수리를 맡긴 운전자가 "아무 이상도 나타나지 않았다"라고 카센터 직원에게 따질 수 있을까? "아무 이상도 나타나지 않았다는 것이 수리가 잘됐다는 증거"라고 말하는 카센터 직원에게 "쓸데없는 짓을 했다"라고 욕할 수 있을까? 카센터 직원이 권해주는 수리를 거부한 뒤 사고가 났다면 그때는 후회한다 해도 돌이킬 수 없을 것이다.

성조숙증 치료도 마찬가지다. 의사는 의학적인 지식과 의사로서의 경험을 바탕으로 성조숙증을 진단하고 치료를 권한다. 치료 중간중간에 실시한 검사 결과에 따라 치료 효과를 확인할 수 있기 때문에 의사는 치료에 확신을 갖고 임한다. 성조숙증은 일방향의 진행으로 치료를 한다 해도 치료 시점에서 진행을 늦추거나 중단을 유도할 뿐이고, 그 이전 단계로 돌이키는 것은 불가능하다. 그러므로 치료 시기가 매우 중요하다.

따라서 의사 입장에서는 치료 전에 예상했던 성조숙증 증상이 좀처럼 나타나지 않는 것은 '치료가 잘돼서' 생긴 결과라고 여긴다. 성공적인 결과를 놓고 함께 기뻐해야 할 보호자가 "원래 이런 거 아닌가?"라고 의문을 제기한다면 할 말이 없어진다.

성조숙증은 건강보험관리공단이 지정한 질병

문제는 이런 의문들이 인터넷 게시판을 통해 비슷한 경험을 한 보호자들 사이에서 공유된다는 점이다. 물론 개중에는 의사의 설명이 불충분해 오해가 생겼거나 미숙한 의사의 잘못된 지침으로 금전적, 시간적 손해를 입은 사람도 있을 것이다. 하지만 대부분 의료진에 대한 근거 없는 오해와 불신감 때문에 생긴 문제다.

성조숙증은 건강보험관리공단에서 법적으로 인정한 병이라는 점을 명심하자. 의사가 멋대로 검사 결과를 왜곡해 만들 수 있는 꾀병이 아니라, 이론적 기준과 엄격한 법적 기준에 따라 판정되는 '병'이라는 뜻이다. 그렇기 때문에 성조숙증 치료는 건강보험관리공단의 심사와 통제를 따라야만 한다. 의사가 멋대로 진료하고 치료비를 청구할 수 있는 문제가 아니다.

모든 병 치료가 그렇듯이 성조숙증도 환자와 의사, 보호자 상호간의 신뢰와 협조가 없으면 치료가 제대로 이뤄지지 않는다. 이 문제에 대해선 "아이의 소중한 몸에 대한 문제이고 아이의 장래가 걸린 중요한 치료인 만큼 의사를, 치료법을 믿어주십시오"라고 보호자들에게 당부하는 수밖에 별다른 방법이 없다.

의사의 과잉 진료가 아닙니다

"성조숙증이 왜 문제가 되나요?"
"독일에서는 성조숙증이라는 말을 거의 쓰지 않는데, 한국에서는 왜들 그리 난리죠? 언제부터 성조숙증, 성조숙증 했다고. 과잉 진료 아닌가요?"

얼마 전 독일에 거주하는 환자 분에게 받은 질문이다. 질병은 객관적 기준에 따라 진단이 내려지지만, 그 나라의 정서도 무시할 수 없는 기준이 된다. 어린이들이 어학 공부를 위해 외국에 나가고, 학원과 학원을 오가며 하루를 보내는 모습을 독일에 거주하는 분이 본다면 이해할 수 있을 것이다. 성조숙증은 분명한 진단 기준에 따라 질병임이 명시되어 있으나, 그 나라의 정서에 따라 받아들이는데 다소 차이가 있다. 그 나라에서 해당 어린이를 진료한 주치의의 전공과목에 따라서도 답이 다를 수 있다.

사실 2005년 이전까지는 성조숙증에 대한 얘기가 진료실 밖에서 언급되는 예는 극히 드물었다. 성조숙증 환아들도 처음부터 성조숙증을 진단하기 위해 찾아온 것이 아니라 다른 증상으로 왔다가 여러 면에서 성조숙증이 의심되어 진단을 받은 경우가 대부분이었다. 의사 입장에선 그때가 진료하기에는 더 수월했던 듯하다.

성조숙증이 지금과 같이 늘어난 데는 영양과 환경 등의 문제도 한몫했을 것이다. 또 언론 보도로 부모들의 관심이 높아지면서 진단율이 높아지기도 했다.

그렇기 때문에 성조숙증을 하나의 유행이나 과잉 진료로 치부해선 안 된다. 성조숙증의 직접적인 원인이 호르몬 분비 이상이기 때문이다. 성조숙증은 소아 내분비계 질환이다. 건강보험공단에서 보험 대상으로 인정한다는 사실만 봐도 성조숙증은 엄연한 '병'이라는 사실을 알 수 있다.

그런데도 병원에 찾아오는 많은 부모들은 성조숙증을 병이 아닌 아이 몸에 생긴 '변화'의 일종으로 여기고 치료 여부를 '선택'하려 한다. 성조숙증 치료의 어려움은 당장 눈에 보이는 것이 없다는 데 기인한다. 이는 성조숙증의 위험성을 높이는 요소가 되기도 한다.

    가을에 따야 할 열매가 여름철에 떨어진다면, 시속 100킬로미터로 달려야 할 고속도로를 150킬로미터로 달린다면, 8차선 도로 위에 아이가 서 있다면 아직 사고가 나지 않았으니 뭐가 문제냐고 말할 부모는 없을 것이다. 성조숙증은 단지 키만의 문제가

아니라, 아이의 전체적 생리 리듬과 정서에서 문제를 불러올 수 있기에 조금 더 깊은 이해가 필요하다.

성조숙증 진료에서 가장 중요한 것은 그 시기와 진료의 전문성, 환자와 보호자와 의료진이 서로 마음을 터놓고 신뢰할 수 있는 관계인가 여부이다.

보호자는 비의료인이다. 아니, 의료인이라 해도 해당 분야가 아니면 이해하기 어려운 것이 전문 분야다. 내가 잘 모르는 분야에 대해 이야기할 때는 아주 유치한 질문과 궁금증이 오히려 더 중요하게 여겨질 때가 있다. 멋진 질문이 아니라 유치한 질문을 하기 위해서는 편안함이 기초가 되어야 한다. 대단한 의료 시설보다도 더 중요한 것은 바로 주치의의 입에서 나오는 말이라 할 것이다. 때론 우스갯소리를, 때론 속상한 가정사에 대한 하소연을 할 수 있어야 성조숙증은 물론 만성질환의 답을 찾을 수 있다. 몇 분 동안의 진료 후 처방전으로 얻을 수 있는 것은 치료의 한 부분일 뿐이다.

성조숙증 진단, 제발 전문의에게 맡겨주세요

"척 보면 압니다!"

얼굴만 봐도 척척 알아맞히는 신통방통한 능력은 부채 도사, 무릎팍 도사만 갖고 있는 것이 아니다. 진료 경력이 쌓이고 쌓인 전문의도 환자 얼굴을 보면 병원을 찾은 이유를 짐작할 수 있다. 물론 자신의 전문 분야에 한정된다는 단서가 붙긴 하지만 말이다.

내게 소아 내분비학이란 무엇인지를 알려주신 삼성의료원의 진동규 교수님께서 전임의 초년병 시절 "진료실에 오래 있다 보니 이젠 관상쟁이가 다 되어간다"라고 말씀하신 적이 있다. 15년 넘게 아이들의 내분비 질환을 치료하다 보니 그 말의 의미를 조금이나마 이해하게 되었다.

물론 얼굴을 보면 저절로 병명이 떠오르는 것은 아니다. 진지한 자세로 환자의 얼굴을 마주 대하고, 주의 깊게 환자의 얘기를 듣는 동안 떠오르는 작은 의혹들을 놓치지 않고 끈질기게 추적하면 비로소 보인다.

그렇기 때문에 환자와 마주 보지 않은 채 여러 가지 의료 기기를 사용해 얻은 수치만을 보고 내린 진단은 진정한 의미의 '진단'이 아니라고 생각한다. 성장판 사진을 통해 판단한 골 연령이나 성선 자극 검사 수치만을 놓고 단순 비교해서 판단할 만큼 성조숙증은 단순한 질환이 아니기 때문이다.

물론 검사를 통해 얻은 수치는 매우 중요하다. 부채 도사가 머릿속에 떠오른 내용을 손님에게 곧바로 전달해도 되는 것과는 달리, 의사는 환자의 얼굴을 보고 떠오른 병명을 함부로 입 밖에 내선 안 된다. 검사와 진단을 통해 병명에 대한 확증이 선 다음에야 비로소 환자에게 알리는 것이 의사의 책임이자 의무이다. 의사의 꼼꼼한 문진과 함께 아이를 보며 시진, 촉진, 타진과 대화를 통한 정보를 얻고, 거기에 필요한 검사 등을 더했을 때 비로소 제대로 된 성조숙증을 진단할 수 있다는 얘기다.

그런데 인터넷 게시판을 보다 보면 성조숙증에 통달한 '도사

님'들이 꽤 많다는 사실을 발견할 수 있다. 병원이나 의사에 대한 정보를 나누는 것은 괜찮지만, 섣부른 지식이나 자기 아이의 예를 바탕으로 다른 아이들을 진단하고, 의사의 진단과 치료법에 대해 이의를 제기한다면 무척 위험하다고 볼 수 있다.

그중에서도 가장 걱정되는 점은 검사 수치만 보고 판단하는 것이다.

물론 검사 수치는 성조숙증을 판단하는 데 매우 중요한 요소다. 하지만 어디까지나 다른 요소들(유전적인 요인, 아이의 환경, 영양

상태, 생활 습관 등)과 함께 검토해야 한다. 수치만으로는 어떤 확신도 할 수 없다.

그런데 아이의 골 연령과 성선 자극 검사 수치를 인터넷 게시판에 올려 다른 사람들의 견해를 구하는 부모들도 있다. 이런 경우 대부분 게시판 답변 글을 보면서 스스로 아이의 성조숙증 여부를 판단하고, 만약 의사의 견해가 자신의 생각과 일치하지 않으면 의사의 실력에 의문을 품거나 더 나아가 반감을 갖고 치료에 이견을 제시하기에 이르기도 한다.

아이의 변화에 대해 걱정되고 가능한 한 모든 방법을 동원해 아이의 현 상태를 확인하고 싶어 하는 것은 부모로서 당연한 일이지만, 아이마다 유전적 요소와 생활환경, 성장 정도가 다르기 때문에 검사 수치가 같다고 해도 얼마든지 다르게 해석할 수 있다는 점을 명심해야 한다. 그리고 아이들의 숫자만큼 다양하게 해석할 수 있는 성조숙증 진단에 대해선 누구보다도 의사가 가장 믿음직스러운 전문가라는 점을 잊지 말았으면 한다.

다시 한 번 말하지만 성조숙증을 진단할 때는 숫자로만 판단하는 것이 아니다. 의료진이 아이의 발달 변화, 유전 등 다양한 요소를 진료를 통해 확인하는 과정을 거쳐야만 검사상의 수치도 비로소 의미를 갖는다. 진단의 시작은 의료진의 눈과 귀와 손을 통해 이뤄지며 머릿속에서 결론이 내려져야 한다. 기계적 검사를 통해 나오는 수치도 물론 중요하지만 그 수치를 제대로 읽고 판단할 수 있는 의사의 식견이 없으면 아무 소용 없다는 것을 부모님들이 알아주었으면 하는 바람이다.

 동업자가 더 무섭다

"아홉 살 난 여자아이인데 작년부터 가슴이 나오고 멍울이 잡혔어요. 두 달 전부터는 가슴이 가렵고 아프다고 하는데 성조숙증 맞나요?"

종종 진료실로 상담 전화가 걸려오는데, 이 정도로 확실한 '가슴 발달' 징후가 보인다면 직접 찾아와 진료를 받아보도록 권한다. 그런데 전화를 걸어온 아이 엄마는 한사코 병원에 오기를 거부했다.

"만약 성조숙증이면 더 늦기 전에 치료를 받아야 하니까 하루라도 빨리 검사를 받는 게 좋습니다. 꼭 성조숙증이 아니더라도 검사를 받아보면 아이의 성장 단계를 파악할 수 있으니 성장 관리에도 도움이 될 거예요."

계속되는 권유에 아이 엄마가 마침내 입을 열었다.

"사실 아이 아빠가 의사인데, 여자아이는 원래 성장이 빠르다면서 치료를 받을 필요가 없다고 하네요. 텔레비전이나 인터넷에서 본 성조숙증 문제에 대해 얘기해도 말도 안 된다며 화를 내서 제가 맘대로 아이를 병원에 데리고 간다고 하면 난리가 날 거예요."

성조숙증 치료에 대해 누구보다도 잘 이해해줄 것 같은 의사 부모 중에서도 성조숙증의 진단과 치료에 반감을 갖는 예가 종종 있다. 자신이 배운 의료 지식과 맞지 않다는 이유에서 비롯된 오해 때문이다.

성조숙증이 일반인에게 알려지기 시작한 것은 불과 10여 년 전의 일이다. 그 전에는 극히 드물었기 때문에 성조숙증에 대해 접해보지 못한 의사도 상당수에 이른다. 게다가 '극히 드문' 성조숙증 환자의 치료는 소아 내분비학과 전문의의 영역이었다. 그러니 성조숙증에 대해 정확하게 이해하지 못한 채 그릇된 지식으로 대하는 의사가 있다고 해도 놀라운 일은 아니다.

이럴 때는 각자의 전문 분야를 인정하고 아이의 건강에 대해서만큼은 의사의 마음이 아니라 '부모의 마음'으로 대해줬으면 하는 것이 솔직한 심정이다.

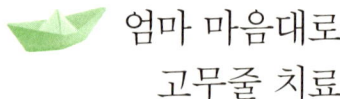 엄마 마음대로
고무줄 치료

　호르몬 주사는 일정한 간격을 두고 꾸준히 맞아야 한다. 호르몬 주사를 통해 인위적으로 성호르몬 분비를 억제하기 때문에 자칫 주사 놓는 주기를 놓치면 성호르몬이 한꺼번에 분비되면서 그동안의 치료가 물거품이 될 우려가 있기 때문이다.
　그런데 간혹 여러 가지 '피치 못할 사정'을 이유로 정해진 치료 날짜를 어기는 일도 있다. 아이의 학원, 학교 일정, 시험, 제사, 여행 등 다양한 이유로 정해진 치료일을 미루곤 한다. 2~3일 늦는 것은 보통이고 1~2주 지나서야 새롭게 예약 전화를 하는 사람들도 있는데, 심지어 1~2년에 한 번씩 병원을 찾아 호르몬 주사를 맞기도 한다.

이제 막 가슴이 올라오기 시작한 일곱 살 여자아이의 검사 결과는 '성조숙증'이었다. 성조숙증이 시작된 지 얼마 되지 않았고, 부모가 모두 키가 작아 예측 성인 신장이 160센티미터를 넘어서지 못하는 작은 키였기 때문에 하루빨리 치료를 시작하도록 권유했다.

그런데 엄마는 정확하게 3개월 동안 치료를 받다가 여름방학이 되자 가족 여행을 떠난다는 이유로 치료를 중단했다. 그 모녀와 다시 만난 것은 2년쯤 지난 뒤였다. 아홉 살이 된 아이의 몸은 숙녀 티가 물씬 났다. 검사 결과 성조숙증이 상당히 진행되고 있었다. 이대로라면 얼마 안 있어 초경을 할 것으로 예상되었다.

"이번엔 제대로 치료받으셔야 합니다!"

그런데 2개월이 지난 어느 날, 조기 유학을 떠난다는 이유로 치료를 또다시 중단했다.

"지금 포기하시면 안 됩니다. 외국에서도 계속 치료할 수 있도록 조치를 취해드릴 테니 꼭 따라주십시오."

그러자 아이 엄마가 말했다.

"선생님, 치료하지 않아도 괜찮을 것 같아요. 2년 후 한국에 돌아오니까 그때 봐서 다시 찾아뵐게요."

아이 엄마는 그 말대로 2년 후에 다시 병원을 찾았다. 그런데 다시 만난 모녀의 얼굴은 전과 많이 달라 보였다. 아이의 얼굴에는 짜증이 가득했고 엄마는 아이의 눈치를 보느라 바빴다. 대기실에서도 엄마에게 막말을 하며 짜증을 내는 아이의 모습은 주위 사람들의 눈살을 찌푸리게 했다.

아이의 상태는 검사를 할 필요도 없었다. 조기 유학을 떠난 지 반년도 안 되어 초경을 했다는 것이다. 아이의 키는 150센티미터를 간신히 넘어섰다. 엄마는 아이를 먼저 내보내고 울면서 사정했다.

"제발 주사를 놔주세요. 이제부턴 꾸준히 치료할 테니 꼭 좀 놔주세요."

"어머니, 지금 상태에선 주사를 맞아도 아무 소용 없습니다."

"알고 있어요. 효과가 없어도 좋으니까 제발 놔주기만 해주세요. 아이가 자기 키가 저렇게 된 건 다 저 때문이라면서 얼마나 괴롭히는지 살 수가 없을 정도예요."

진료실에서 눈물을 흘리는 엄마의 모습을 보면서 아이가 얼마나 원망스러워할지, 그 화를 전부 받아내야만 하는 엄마의 심정이 어떨지 짐작이 됐다.

아이에게는 치료에 대한 결정권이 없기 때문에 보호자가 이끌어주지 않으면 제대로 된 치료를 받을 수 없다. 매달 병원을 찾아야 하는 치료가 귀찮고 번거로울 수 있지만, 한번 시기를 놓치면 돌이킬 수 없는 결과를 부를 수 있다는 점을 명심해 아이가 제대로 치료받을 수 있도록 도와야 한다.

아이의 일생을 좌우할 성장과 건강에 관련된 일이니 아무리 번거롭고 부담스럽더라도 꼭 챙겨주었으면 하는 것이 의사의 마음이다.

민간요법은
치료가 아닌 도움을 주는
보조 요법이다

앞에서 말했듯이 호르몬 치료에 거부감을 보이는 보호자들도 꽤 많다. 검증되지 않은 호르몬 주사의 부작용을 이야기하며 치료를 거부하기도 하고, 치료 비용에 대한 부담감을 토로하기도 한다. 치료 기간이 긴 만큼 치료 비용이 부담스러울 수 있지만, 민간요법 등에 드는 비용을 고려해보면 때론 정상적인 치료 비용이 훨씬 더 부담이 적은 예도 있다. 그중에서 가장 곤란한 경우는 인터넷에 떠도는 민간요법을 활용해 직접 고쳐보겠다고 하는 보호자들이다.

성조숙증은 성호르몬의 조기 분비로 발병하는 질환이기 때문에 성호르몬을 억제하면 해결할 수 있다. 그런데 봇물처럼 터져 나오는 성호르몬 분비를 억제하는 것은 어지간한 치료법으로는 불가능하다. 붕괴되기 직전의 댐을 막기 위해 모래주머니를 들이대는 것처럼 그 효과는 미미하다.

그런데도 민간요법으로 효과를 보겠다고 하는 보호자들을 보면 안타깝기 그지없다. 물론 민간요법이 효과가 없다는 뜻은 아니다. 성호르몬 분비를 자극하는 음식을 피하고, 성장에 도움이 되는 약재나 음식을 먹는 것은 치료에 큰 도움이 된다. 그러나 이는 어디까지나 치료와 병행했을 때의 얘기다. 호르몬 주사를 맞는 동안의 생활 습관으로 이뤄져야 효과를 볼 수 있지, 호르몬 주사 없이 민간요법만으로는 성조숙증을 막을 수 없다.

성조숙증을 치료할 수 있는 시기는 극히 짧다. 아이의 장래를 생각해 의학적으로 검증된 확실한 치료법에 따라야 한다. 효과가 불분명한 민간요법으로 시간을 끌다가 결국 아이의 성장에 돌이킬 수 없는 결과를 가져오지 않도록 이성적으로 판단하길 바란다.

 보호자가
치료를 거부한다면?

　7세 3개월 여자아이가 가슴 발달을 걱정하며 내원했다.
　아이의 가슴 발달은 성장의 2단계에 해당하는 사춘기가 진행되는 모습을 보였다. 아이는 2.7킬로그램으로 작게 태어나 세 돌까지는 또래보다 성장 면에서 더뎠다. 그런데 지난 3년 사이 체중이 늘어나면서 최근 들어 급격히 성장했고, 복부 비만 소견을 보였다. 내원 당시 키는 129.8센티미터, 체중은 39.3킬로그램으로 키와 체중 모두 또래 100명 기준에 95퍼센트와 99퍼센트 이상의 빠른 발달을 보였다. 손목 사진에서도 골 연령이 역연령 대비 2년 10개월 빠른 10세로 나타나 성선 자극 검사에 대해 설명했다.

아이는 처음에 엄마, 이모와 함께 내원했고, 그다음에는 친할머니가 동행하셨다. 첫 내원 때는 검사일을 하루라도 앞당기고, 치료에 대한 걱정과 그 시기를 더 늦추면 위험하지 않느냐며 불안감을 보였다. 그러나 다시 병원을 찾았을 때 할머니는 아이가 뭐가 이상하다고 그러느냐는 반응을 보였다. 긴 시간 동안 할머니에게 아이의 소견과 성조숙증이란 어떤 것이고, 어떤 위험과 부담을 주는지 치료의 당위성과 필요성을 설명했지만 마음을 열기에는 어려움이 있었다. 치료에서 가장 힘든 게 무엇일까 생각해보면 보호자의 이해가 아닐까 싶다.

엄마가 이해하면 아빠가 반대하거나, 부모가 걱정한다 해도 때론 조부모의 이해 부족으로 치료 시기를 놓치거나, 주변에서 들려주는 이런저런 지식으로 치료 시기를 놓치는 예도 드물지 않다.

성조숙증은 물론 성인의 당뇨, 고혈압, 고지혈증 등 증상이 두드러지지 않는 질환을 치료하는 데 가장 큰 어려움은 환자 본인이나 보호자의 이해가 아닐까 싶다. 이해하도록 돕기 위해서는 결국 의료진과 환자 그리고 보호자의 신뢰가 중요한데, 우리나라 의료의 가장 큰 아쉬움은 환자가 대학 병원으로 쏠리는 현상과 의료진과 환자와의 대화 부족이 아닐까 싶다. 일부 병원으로 쏠리는 현상으로 해당 병원에서는 물리적으로 환자와 함께할 시간이 부족해지고, 결국 환자의 모습보다는 증상과 검사 결과 위주의 진단을 내리게 된다. 질병의 원인보다는 진단명이 주가 되고, 치료 과정에서도 처방되는 약이 생활 습관 관리보다 우선되다 보니, 의료진은 의료진대로 환자와 거리감이 생기고, 환자나 보호자도 불안감을 덜지 못해 신뢰도가 낮아지는 건 아닐까?

아이의 치료에 대한 권리는 누가 가지고 있을까?

아이에겐 아직 의사 결정력이 없으니 부모나 이에 준하는 사

람들이 치료를 결정하게 된다. 문제는 이들의 이해에 따라 아이의 건강이 좌우되는데 이때 의료진으로서의 역할은 어디까지일까 하는 것이다. 설명과 대화가 충분히 이루어져도 선입견이나 편견의 벽에 부딪쳐 치료 시기를 놓치는 안타까운 일이 종종 있다.

아동 학대에 대한 법적 해석은 '신체적, 정신적, 성적인 측면에서 아동의 건강과 복지를 해치거나 정상적인 발달을 저해할 수 있는 성인(보호자 포함)의 폭력이나 가혹 행위 및 유기와 방임(아동을 적절하게 보호하지 않는 행위)을 총칭한다'라고 되어 있는데, 의료진이 아이의 문제에 대해 지적한 후에도 비의료인인 부모의 독단적 판단하에, 특히 성조숙증처럼 진단과 치료 시기가 중요한 질병에 대해 치료를 거부한다면 이는 어찌 보면 유기와 방임에 해당한다고 할 수도 있다.

보호자의 이해와 선택에 따라 아이의 치료 과정, 시기, 진행의 모든 것이 결정되고, 의료진은 단지 이에 대한 보조 역할밖에 할 수 없다는 사실에 때론 무기력감을 느끼기도 하는데, 앞서 언급한 환아도 진단 1년 후 생리를 해 다시 내원했다. 1년 동안의 치료 과정에 대해서는 부모님이 밝히려 하지 않아 굳이 더 묻지 않았다. 진단 과정 중 중요한 것이 과거력, 약물 복용력 등이기에 치료자에 대한 협조와 믿음이 아쉽다고 할 만한 사례였다.

 치료를 해도
증상이
사라지지 않는다

한 카페에 올린 부모님의 글을 보니 마음이 무거워졌다. 카페에 올린 글을 정리해보면 다음과 같이 요약할 수 있다.

1. 왜 치료 중인데 골 연령이 증가하는가?
2. 왜 성호르몬을 억제하는데도 초경 연령이 늦추어지기보다 더 빨라진 걸까?
3. 성호르몬 억제 치료로 오히려 급성장기만 놓친 것은 아닐까?

의사로서 느끼는 답답함과 보호자에 대한 미안함은 다소 다른 부분이다. 담당 선생님과 좀 더 긴밀하게, 좀 더 편하고 쉽게 상담이 이루어지지 못했구나 하는 부분이 더 마음이 쓰인다. 성조숙증은 치료 과정이 길고, 개개인마다 차이가 매우 크다 보니 담당 의료진과 편하게 상담할 수 있어야 한다. 사소한 질문일수록 오해를 부르기 쉬우므로 쉽고도 편한 상담이 절실하다.

카페에 올린 질문도 의료진과 좀 더 편한 상담을 통해 서로 신뢰를 쌓을 수 있었다면 하지 않아도 될 걱정과 오해에서 나온 것이 아닐까 싶어 가슴이 답답해진다.

1. 왜 치료 중인데도 골 연령이 증가하는가에 대한 답은, 이렇게 설명하고 싶다. 고속도로를 시속 100킬로미터로 달리는 것이 정상이지만, 아이가 시속 120킬로미터로 달리는 상태에서 병원을 방문해 성조숙증을 진단받았다고 한다면, 진단 당시의 속도가 120킬로미터였던 것일 뿐이다. 이 속도는 시간이 지나면서 150킬로미터, 180킬로미터로 높아질 수도 있다. 치료를 통해 그 속도를 정상 속도로 낮출 수 있다면 좋겠지만 120킬로미터를 유지하거나, 150킬로미터가 될 것을 130킬로미터로 낮추는 정도에서 그칠 수도 있다. 하지만 보호자 입장에서는 억울하고 답답

할 수 있다. 치료 효과에 기대가 크기 때문이다.

또 경우에 따라서는 치료에 전혀 반응이 없을 수도 있다. 성선 자극 검사 등을 통해 진성 성조숙증과 가성 성조숙증에 대해 구별하는 것도 중요하고, 필요하다면 뇌 MRI 촬영도 고려해야 한다.

2. 왜 초경 연령이 더 빨라졌을까에 대한 답도 위의 답과 비슷하게 이해를 구해야 한다. 다만 초경 시기는 예측하는 것이지 그 시기를 성호르몬 수치나 2차성징 발달 정도로 맞출 수는 없다. 아이의 변화 속도와 과정을 지켜보면서 내일을 예측하는 것이다. 현재 수치에 대한 예측은 어제나 내일을 기준으로 하는 것이 아니라, 바로 오늘을 보며 논의할 수밖에 없다.

3. 성호르몬 억제 치료로 급성장기만 놓친 것은 아닐까에 대한 우려는 이해할 만하다. 성조숙증 자체로도 성장에 악영향을 주지만, 성호르몬을 억제함으로써 성장이 더뎌지거나 급성장기를 놓칠 수도 있기 때문이다. 하지만 이는 어디까지나 결과를 놓고 논의해야 하는 부분이어서 단언하기는 어렵다.

성조숙증에서 가장 중요한 것은 개개인의 차이를 인정하고 의료진과 얼마나 편하게 상담이 이루어지느냐 여부이다. 성조숙증 치료 과정에는 고가의 의료 장비가 필요하지 않다. 치료 과정에서 소아 내분비 전문의로서의 전문 진료 지식이 필요하지 최신 논문의 의료 지식이 활용되는 부분은 제한적이라고 할 수 있다. 그만큼 편한 대화와 상담 시간이 더 중요하다고 다시 한 번 강조하고 싶다.

대학 병원, 종합병원과 개인 병원 선택의 차이

대학 병원이라는 울타리 안에서 진료할 때는 느끼지 못했던 아쉬움 중 가장 큰 부분은 진료를 하고, 진단을 내리고 나면 보호자들이 대학 병원으로 옮기기를 희망하는 것이다. 제대로 치료해보지도 않고 대학 병원에 제출할 의뢰서를 써달라는 말을 들으면 이곳이 진료와 치료를 하는 곳이지, 진료 의뢰서를 써주기 위한 대서소는 아닌데, 하는 자괴감이 들 때도 많다. 그나마 대학 병원에서 진료나 검사를 한 번 더 받아보고 싶다고 조심스레 이야기를 꺼내는 보호자 분들은 고마울 정도다. 의뢰서를 팩스로 넣어달라는 전화를 받고 나면 한동안 진료에 임하기 어려울 정도로 우울해진다.

대학 병원은 연구와 교육이라는 순기능이 있고, 종합병원은 고급 의료 장비와 시설의 집중이라는 순기능이 있건만, 대학 병원이나 종합병원, 거기에 보건 의료 시설도 개인 의원들과 경쟁하는 우리의 의료 실정이 안타깝다. 진료는 건물이나 의료 단위, 의료 기기가 하는 것이 아니라 전문 의료진에 의해 이루어진다. 소아 내분비만이 아닌 모든 파트의 진료에서 가까이 접할 수 있는 의원급 전문의 선생님들도 모두 대학 병원급에서 전문의 트레이닝을 받고, 경우에 따라서는 전임의나 교수 생활을 하다 뜻한 바 있어 개원한 분들이 많다. 단지 진료에 임하는 곳이 대학 병원인가, 개인 의원인가 하는 것으로 진료의 질을 평가해서는 안 되며, 이는 사회적으로도 큰 의료 낭비를 부른다.

정해진 시간과 공간 내에서 진료할 수밖에 없기에 환자 입장에서는 30분 대기 3분 진료, 진료 예약 두 달 후라는 의료 현실에 대해 비판하는 것도 이러한 악순환의 하나라 할 것이다. 같은 성호르몬 주사 처방을 받는다 해도 특진료에 부가적 진료비가 붙으면 두 배 가까운 비용을 부담하면서도 편하게 상담하기 어려운 대학 병원에 대한 집착을 버려야 한다. 성조숙증이나 성장은 개인적 차이와 변화가 많기에 아이의 변화가 보인다거나, 불안함이 있다면 바로바로, 때로는 전화로도 상담을 받을 수 있어야 하고, 짧은 진료로 끝내는 것이 아니라 아이의 생활 모습, 사소한 변화도 같이 논의할 수 있어야 한다.

이처럼 효율적인 진료가 이루어지려면 대학 병원, 종합병원, 보건 의료 기관과 편하게 접할 수 있는 개인 의원의 순기능이 제 역할을 할 수 있어야 한다.

Part 4

우리 아이 고장 난 성장 시계, 엄마 손으로 뚝딱!

정상 성장을 유도하는 생활 습관 개선법

무얼 먹이고 입혀야 우리 아이가
남들처럼 평범하게 자랄까요?
먹여도 좋은 음식, 먹이면 안 되는 음식,
해선 안 될 행동, 하면 좋은 습관…….
궁금한 게 너무 많아요. 생활 속에서 실천할 수 있는
성조숙증 개선책에 대해 알려주세요.

1. 정상 성장으로 이끄는 건강 식탁

Dr. Koh의 식습관 제안

성조숙증을 예방하고 성장 속도를 늦추는 데 가장 중요한 것은 올바른 식습관이다. 평소 섭취하는 음식만 잘 조절해도 성장 속도를 늦출 수 있다.

식탁에서 시작하는 성조숙증 예방

아이들의 건강을 지키기 위해선 무엇보다도 '좋은 음식'을 먹이는 것이 중요하다. 하지만 맞벌이 부부가 증가하면서 아이들의 먹을거리를 식품 회사와 패스트푸드점, 대형 마트에 의존하게 된 요즘, 아이들의 올바른 성장을 도와주는 '좋은 음식'을 먹이기란 말처럼 쉬운 일이 아니다.

인스턴트식품이나 마트의 간편식을 즐겨 먹으면 한창 자라나는 아이들에게 영양 불균형에 따른 문제를 야기하게 된다. 그 결과 성장이 지연되거나 소아 비만, 소아 당뇨 등 성인병을 앓기도 하며, 아토피성 피부염 등 알레르기성 질환이 심해지고, 호르몬계 교란으로 성조숙증이 나타나는 등의 문제가 생긴다.

성조숙증 예방하는 좋은 음식 찾기

'좋은 음식'은 자연에서 구한 재료로 만든 좋은 먹을거리를 의미하기도 하며, 합성 조미료나 시판 소스가 아닌 엄마 손으로 맛을 낸 제대로 만든 음식을 말한다. 또 온 가족이 모인 단란한 식탁에서 오순도순 웃으며 식사할 수 있는 즐거운 식탁을 가리키기도 한다.

슬로푸드

슬로푸드는 말 그대로 패스트푸드의 반의어다. 주문하면 바로 나오는 패스트푸드와는 반대로, 오랜 시간을 투자해 만든 음식을 슬로푸드라고 한다.

　한식은 대부분 슬로푸드다. 간단한 콩나물무침 하나를 만드는데도 콩깍지를 골라내고 꼬리를 다듬어 길이를 맞추는 성가신 작업을 거쳐야 한다. 대표적인 서민 음식인 시래깃국을 예로 들면 겨울 무의 무청을 다듬어 여러 날에 걸쳐 바싹 말린 다음, 먹기 전 맑은 물에 담가 물을 갈아가며 며칠 밤에 걸쳐 불린 후 끓여야 제맛을 낼 수 있다.

　이처럼 한식은 재료 준비부터 손질, 조리에 이르는 모든 과정에서 시간과 손품이 드는 슬로푸드 성격을 띤다.

　슬로푸드의 장점은 제대로 된 재료에서 비롯된다. 조미료나 시판 소스의 자극적인 맛이 아니라 재료 본연의 맛을 내야 하기 때문에 살충제, 제초제를 듬뿍 사용한 '농약 채소'나 유전자 조작 식품은 재료 선택 단계에서 탈락한다. 조리 과정에서도 번거로운 재료 손질과 까다로운 맛 내기 과정을 거치면서 신중을 기하기 때문에 그만큼 만드는 사람의 정성이 담긴다.

　이렇게 만든 음식은 아이에게 양질의 영양을 제공해 건강하게 자랄 수 있도록 해줄 뿐만 아니라, 미각을 발달시키고, 더 나아가 두뇌 발달과 정서 함양에도 도움을 준다.

대표적인 슬로푸드

보통 슬로푸드라고 하면 장류, 김치, 치즈처럼 장기간의 숙성 과정을 거친 발효 식품이나 저장 식품을 이른다. 하지만 시판 양념이나 마트에서 파는 손질된 재료를 쓰지 않고 엄마 손으로 직접 만든 모든 음식은 넓은 의미에서 슬로푸드라고 봐도 좋다.

info.

장류 된장, 고추장, 간장 등 한식 맛 내기에 쓰이는 장류는 오랜 숙성 기간을 거쳐 만든 슬로푸드다. 제대로 만든 장류에는 몸에 좋은 영양 성분이 풍부하며 짠맛, 구수한 맛, 단맛 등 여러 맛이 복잡하게 어우러져 맛을 내기 때문에 미각 발달에도 도움이 된다.

김치 배추와 무를 비롯한 다양한 채소류와 갖은 양념이 어우러져 장기간의 발효 과정을 거치는 김치는 세계적으로 인정받는 한국의 건강식품이다.

치즈 우유를 발효시킨 치즈는 양질의 동물성 단백질과 칼슘, 비타민, 미네랄, 지방, 철분 등 아이의 성장에 꼭 필요한 영양소가 고루 들어 있다.

떡 떡을 만드는 과정은 매우 번거롭다. 쌀을 불려 가루를 내 뜨거운 물을 조금씩 부어가며 조심스럽게 반죽해 모양을 잡아 찜통에 넣은 후 쪄서 먹기 좋게 잘라 고물을 입히는 찹쌀떡도 그렇고, 반죽에 갖은 고물을 넣어 예쁘게 모양을 만들고 틀에 찍어 쪄내는 다른 떡들도 귀찮을 정도로 복잡한 과정을 통해 완성된다. 그래서 떡을 먹으면 과자에서는 느낄 수 없는 부드러운 맛과 영양, 정서적인 만족감을 얻을 수 있다.

미네랄과 식이 섬유가 풍부한 채소·과일

소아 비만은 성조숙증으로 이어지는 가장 빠르고 확실한 지름길인 만큼 아이가 적정 체중을 유지할 수 있도록 어릴 적부터 채소와 과일을 많이 먹는 습관을 들이는 것이 좋다. 채소와 과일에는 식이섬유가 들어 있어 장 기능을 활성화하며, 체내 독성 물질이나 노폐물이 제대로 배출될 수 있도록 도와준다. 이외에도 포만감을 느끼게 해 과체중이 되는 것을 막고, 여러 가지 미네랄이 풍부해 영양 불균형을 예방하고 균형 잡힌 성장을 할 수 있도록 해준다.

채소를 싫어하는 아이도 즐겨 찾는 채소 요리

info.

볶음밥 갖은 채소를 잘게 썰어 넣어 만드는 볶음밥은 채소 맛이 어우러져 풍미를 끌어올리므로 채소를 싫어하는 아이들도 맛있게 먹을 수 있는 메뉴다.

카레 볶음밥과 마찬가지로 여러 채소가 어우러져 맛을 내기 때문에 한 번에 다양한 종류의 채소를 먹을 수 있다.

햄버거 아이들이 좋아하는 대표적 음식인 햄버거는 갖은 채소를 다져 고기와 함께 넣어 만들기 때문에 채소에 육즙이 배어들어 아이들이 채소가 들어 있는지 모르고 넘어가기도 한다.

채소 수프 재료의 형태가 사라질 정도로 뭉근하게 끓여 핸드 블렌더로 갈아내는 채소 수프를 보고 그 안에 채소가 들어 있음을 알아채는 아이는 많지 않을 것이다.

믹스 주스 아이들이 좋아하는 오렌지나 사과, 바나나 등에 양배추, 브로콜리, 당근 등 아이들이 싫어하는 채소를 넣고 갈아보자. 새콤한 과일 맛에 채소 맛이 가려져 아이들이 쉽게 마실 수 있다.

동물성 단백질

먹을거리와 각종 영양 보조제가 넘쳐나는 현대 아이들에게 중요한 것은 영양 과잉이나 부족이 아니라 불균형이다. 아이가 바람직하게 성장하기 위해서는 매일 섭취하는 칼로리를 조절하는 것도 중요하지만 그보다 단백질 : 탄수화물 : 지방의 밸런스와 비타민, 미네랄의 섭취량과 비율을 맞춰야 한다. 또 동물성 단백질과 식물성 단백질, 불포화지방과 포화지방의 고른 섭취에 신경 써야 한다.

아이들의 성장에 단백질은 중요한 역할을 한다. 뇌, 근육, 머리카락, 내부 장기 등 우리 몸 각 부분을 구성하는 데 단백질은 없어서는 안 될 중요한 역할을 하기 때문이다.

그런데 건강과 다이어트에 대한 관심이 높아지면서 동물성 단백질을 기피하는 현상이 나타났다. '채식주의=건강한 식습관'이라는 인식이 높아지면서 동물성 단백질을 절제하는 것이 트렌

드처럼 자리 잡은 듯 보인다. 그러나 이는 무척 위험한 편견이다.

필수아미노산은 우리 몸에 꼭 필요한 영양소다. 그런데 필수아미노산은 우리 몸속에서 합성할 수 없기 때문에 반드시 음식물을 통해서 섭취해야 한다. 동물성 단백질이 바로 필수아미노산이다. 이에 비해 식물성 단백질은 불완전 단백질이다. 매일 일정량의 육류, 어류, 유제품을 섭취해야만 하는 이유가 바로 여기에 있다.

동물성 단백질 섭취의 중요성은 아이들의 식습관과도 관계가 있다. 아이들은 한 번에 많은 양의 음식을 먹지 못한다. 적은 양으로도 필수아미노산을 충분히 섭취하기 위해선 완전 단백질인 동물성 단백질을 섭취해야 한다.

물론 식사를 조절해야 하는 소아 질환이나 체중 조절, 식성 등의 문제로 동물성 단백질을 섭취하기 어려운 경우는 예외다. 이때는 조리법, 섭취량 등에 각별히 신경 써서 영양 불균형이 없도록 해야 한다.

성조숙증을 유발하는 나쁜 음식

1. 인스턴트식품과 패스트푸드

인스턴트식품과 패스트푸드는 '정크 푸드'라고도 불린다. 정크는 쓰레기나 넝마 따위를 의미하니 정크 푸드를 극단적으로 표현하면 '쓰레기 같은 음식'이라고도 할 수 있다.

인스턴트식품, 패스트푸드가 나쁜 이유는 자주 먹으면 동물성 지방과 염분의 과잉 섭취로 이어진다는 점이다. 또 탄수화물, 단백질, 지방 함유량이 높고 비타민, 칼슘, 철분, 인 등 성장기 어린이에게 꼭 필요한 미네랄은 부족해 영양 불균형에 따른 성장 장애나 성조숙증에 영향을 미치며, 고칼로리 식품이 대부분이라 소아 비만, 소아 당뇨의 원인이 되기도 한다.

문제는 트랜스 지방과 포화지방!

인스턴트식품과 패스트푸드가 건강을 해치는 음식으로 낙인찍히게 된 큰 원인 중 하나는 바로 트랜스 지방이다.

트랜스 지방은 자연 상태에도 존재하지만 기름기가 많은 음식을 조리하는 과정에서 생기기도 한다. 올리브유, 해바라기유, 옥수수기름, 콩기름 등 불포화지방으로 알려진 식물성 기름을 장시간 고온에서 가열하면 트랜스 지방이 생기는데, 버터 대용품인 마가린을 만드는 과정에서도 트랜스 지방이 발생한다. 기름을 많이 사용하는 인스턴트식품과 패스트푸드에 트랜스 지방 함유량이 높은 이유다.

트랜스 지방은 콜레스테롤 수치를 높여 소아 비만의 원인이 되기도 한다. 또 혈액순환을 방해해 신진대사를 떨어뜨리고 노폐물이 제대로 배출될 수 없도록 해 몸이 붓고 면역력이 약해지며 살이 찌는 등의 문제를 초래하기도 한다.

패스트푸드의 해악을 줄이려면?

이미 아이가 패스트푸드나 인스턴트식품의 맛을 알아버렸다면 아예 안 먹일 수는 없다. 억지로 끊는 것보다 가끔은 먹도록 해야 아이가 스트레스를 받지 않고 건강하게 잘 클 수 있다.

패스트푸드, 인스턴트식품에 결핍된 영양소를 채워줄 수 있는 보완 음식을 함께 먹이면 다소나마 정크 푸드의 해악에서 아이들을 지켜줄 수 있을 것이다. 탄수화물, 지방, 단백질이 과도하게 함유된 햄버거나 프라이드치킨을 먹을 때는 샐러드나 채소 주스, 신선한 과일을 함께 먹도록 하는 등 음식에 따라 부족한 영양소를 채워주는 메뉴를 권하면 된다.

과도한 염분과 식품첨가물 섭취가 걱정된다면 몸에 쌓이지 않고 바로 배출될 수 있도록 해주자. 콜라 대신 우유를 함께 먹이면 염분이 쉽게 배출되고 양배추, 양파, 당근, 브로콜리, 바나나, 사과 등 디톡스 효과가 뛰어난 채소와 과일을 많이 먹이면 도움이 된다. 대부분의 패스트푸드 업체가 인터넷을 통해 제품별 영양소 함량과 칼로리를 공개하니 미리 확인하고 골라 먹이는 것도 좋다.

하지만 가장 바람직한 방법은 엄마가 직접 만들어주는 것이다. 엄마가 직접 만든 햄버거, 집에서 만든 프라이드치킨과 감자튀김이라면 얼마든지 안심하고 먹일 수 있다.

2. 빵, 과자 등 밀가루 음식

다이어트를 많이 해본 엄마들은 쉽게 이해할 수 있을 것이다. 건강한 식습관을 기르기 위해선 밀가루 음식을 자제해야 한다는 사실을 말이다.

밀가루의 문제는 엄밀히 말하면 글루텐의 문제다. 글루텐은 밀, 보리, 호밀 등 곡물에 들어 있는 단백질인데 약 55개 이상의 질병에 영향을 미친다고 알려져 있다.

가스가 차고 복부가 팽창하며 설사나 변비 등 배변에 이상이 생기는 소화 장애나 피부가 푸석푸석 까칠해지는 피부 트러블, 식곤증이 밀려오고 몸이 무거워지는 갑작스러운 피로 증상 등이 모두 글루텐이 유발하는 이상 증상이다.

문제는 글루텐이 호르몬에도 영향을 미쳐 자가면역성 질환이나 호르몬 분비 이상을 유발한다는 점이다. 엄마 배 속에서부터 글루텐에 노출되었던 아이가 자라면서 빵, 과자, 국수 등 밀가루 음식을 다량 섭취했다면 글루텐의 영향 때문에 성호르몬 분비에 이상이 생겨 성조숙증으로 이어질 확률도 높아진다.

또 밀 재배 단계에서 살포하는 농약과 밀가루의 흰색을 내기 위한 표백제, 수입 밀가루의 보존을 위해 사용하는 방부제도 호르몬 교란의 원인이 된다.

밀가루 음식 대신할 먹을거리 준비가 필수!

문제는 밀가루 음식을 빼면 아이가 먹을 수 있는 음식이 별로 없다는 것이다. 아이들이 좋아하는 케이크, 빵, 과자, 피자, 햄버거, 짜장면 등은 밀가루 없이는 존재할 수 없는 음식이다.

어른도 실천하기 힘든 식이요법을 아이에게 강요한다면 오히려 아이의 스트레스가 늘어나 악영향을 미칠 수 있으니 조심스럽게 양을 줄여가면서 밀가루를 대신할 수 있는 식재료를 찾는 것이 중요하다.

메밀가루, 도토리가루로 전을 부치고 쌀국수, 라이스 버거처럼 밀가루 대신 쌀이나 쌀가루로 만든 음식을 먹는 등 대용식을 찾는 것도 좋은 방법이다. 밀가루를 포기할 수 없다면 우리밀가루, 유기농 밀가루 등을 고른다면 적어도 농약과 표백제, 방부제에 대한 고민은 접어둬도 될 것이다.

부족해지기 쉬운 영양소는 영양제로 채워주세요

20년 가까이 일하면서 진료실에서 가장 많이 듣는 말은 "우리 아이에게 꼭 필요한 영양제를 추천해주세요"라는 것이다.

우리나라 사람들은 계절이 바뀔 때마다 '보약'으로 몸의 기력을 보충한다는 정서가 강하기 때문에 아이의 성장에 맞춰 보약이나 영양제를 먹이고자 하는 욕구가 강하다. 물론 나쁘지 않다. 아이의 건강을 걱정하고 미리 챙긴다는 의미에서 매우 바람직하다. 문제는 아이의 현재 식습관이나 영양 상태, 발육 상태를 고려하지 않고 단순히 입소문에 의존해 약을 선택하는 것이다.

아이에게 모든 영양제를 먹일 필요는 없다. 아이에게 결핍된 영양소, 바꿔 말하면 꼭 필요한 영양소를 갖춘 영양제만 챙겨 먹이면 된다.

　내 아이에게 꼭 필요한 영양소를 가장 잘 파악할 수 있는 사람은 바로 부모다. 아이가 하루에 섭취하는 칼로리, 식단에서 섭취할 수 있는 단백질·탄수화물·지방·비타민·미네랄의 비중, 동물성과 식물성 단백질의 비율, 포화지방과 불포화지방의 비율을 체크해야 한다. 아침, 점심, 저녁 식사와 간식의 내용도 알아두면 도움이 된다. 그런 다음에 아이의 영양을 설계하고 식사를 통해 섭취하기 어렵거나 부족한 영양소를 골라 영양제로 복용하게 하면 확실하게 건강을 챙길 수 있다.

성장에 도움 주는 다양한 미네랄

1. 비타민

　비타민은 체내에서 수행하는 역할에 따라 다양한 종류로 나뉜다. 물에 녹는 비타민을 수용성비타민, 지방에 녹는 비타민을 지용성비타민이라고 한다. 수용성비타민에는 비타민 $B_1·B_2·B_6·B_{12}$ 등이 있고, 지용성비타민에는 비타민 $A·D·E·K$가 있다. 수용성비타민은 많이 먹어도 상관없지만 지용성비타민은 과도하게 섭취하면 두통, 구역질 등의 부작용이 일어날 수 있으니 주의하자.

info.

비타민 A 피부와 눈, 구강, 위장, 폐, 기관지 등을 감싸는 점막을 건강하게 지켜준다. 녹황색 채소, 돼지 간, 은대구, 수박, 귤, 곶감 등에 많이 들어 있다.

비타민 B₁ 뇌와 신경의 귀중한 에너지원으로, 많이 먹어도 몸에 해가 되지 않는다. 비타민 B₁이 부족하면 탄수화물이 분해되지 않고 유산 등 피로물질이 쌓인다. 돼지고기, 뱀장어, 병어, 고등어, 대두, 완두콩, 강낭콩, 땅콩, 현미 등에 많이 들어 있다.

비타민 B₂ '리보플라민'이라고도 하는 비타민 B₂는 세포 재생과 에너지 대사를 촉진한다. 피부와 모발을 건강하고 아름답게 만들어주고, 폐에 유해 물질이 쌓이지 않도록 막아준다. 돼지 간, 쇠간, 뱀장어, 꽁치, 고등어, 그 외 생선 껍질, 낫토, 청국장, 된장, 아보카도, 말린 표고버섯, 우유, 요구르트, 달걀 등에 풍부하다.

비타민 B₆ 모발과 피부, 치아를 건강하게 만들어 성장기 어린이에게 꼭 필요한 영양소다. 알레르기 증상을 완화하고 피를 맑게 하는 효과도 있다. 가다랑어, 다랑어, 연어, 꽁치, 닭가슴살, 고구마 등에 풍부하다.

비타민 B₁₂ 적혈구의 헤모글로빈 합성을 돕는 비타민 B₁₂가 부족하면 빈혈, 나른함, 현기증, 두근거림, 숨이 차는 증상, 우울증 등으로 이어지기도 한다. 쇠간, 굴, 꽁치, 모시조개, 가리비, 명란 등에 많이 함유되어 있다.

니아신 비타민 B군에 속하는 니아신은 탄수화물, 지방, 단백질의 대사에 꼭 필요한 영양소로, 부족하면 손과 발, 얼굴에 염증이 생기는 '펠라그라'라는 피부병에 걸리고 식욕 감퇴, 구강염, 불안 증세를 보이기도 한다. 돼지 간, 쇠간, 닭가슴살, 명란, 가다랑어, 다랑어, 방어, 삼치, 땅콩, 현미, 말린 버섯에 풍부하다.

비타민 C 면역력 증강에 도움이 되는 비타민 C는 채소와 과일에 많이 들어 있다. 딸기, 귤, 키위, 파프리카, 유채, 양배추 등에 풍부하다.

비타민 D 뼈를 만드는 데 도움을 주는데, 칼슘과 인이 충분해도 비타민 D가 부족하면 뼈 건강에 문제가 생길 정도로 중요한 역할을 한다. 햇빛을 쬐면 체내에서 생성되니 야외 활동이 많은 어린이라면 크게 걱정하지 않아도 좋다. 연어, 은대구, 고등어, 뱅어포, 목이버섯, 느타리버섯, 말린 표고버섯, 달걀 등에 많이 들어 있다.

비타민 E 항산화 효과가 큰 비타민 E는 활성산소로부터 몸을 지켜주기 때문에 아토피 피부염 등 알레르기성 질환을 앓는 어린이에게 큰 도움이 된다. 혈액순환을 원활하게 해 어깨 결림, 두통 등에도 좋다. 아몬드, 땅콩 등 견과류와 아보카도, 옥수수유, 올리브유 등 식물성 기름에 풍부하다.

비타민 K 건강한 뼈를 만드는 데 꼭 필요한 영양소다. 녹황색 채소와 해조류, 낫토, 청국장, 콩기름 등에 많이 들어 있다.

2. 철분

체내에 산소를 공급해주는 헤모글로빈을 이루는 중요한 영양소로, 철분이 부족하면 빈혈, 현기증, 피로감, 집중력 저하, 학습력 저하 등을 야기할 수 있다. 돼지 간, 쇠간, 달걀노른자, 검은콩, 시금치 등에 풍부하다.

3. 칼슘

우리 몸에 가장 많은 부분을 차지하는 칼슘은 뼈와 치아를 만드는 영양소로 잘 알려져 있다. 또 면역력을 높이고 체중 조절, 에너지 대사에도 도움을 주며 근육과 신경의 기능을 조절하고 혈액 응고를 돕는 역할을 한다.

따라서 성장이 계속되는 동안에는 칼슘 섭취에 신경 써야 한다. 우유, 탈지분유, 가공 치즈, 요구르트 등 유제품, 멸치, 뱅어포 등 뼈째 먹는 생선, 해조류, 콩류, 곡류, 채소류 등에 풍부하다. 칼슘이 함유된 영양제를 먹을 때 우유, 다시마, 가다랑어, 양배추, 프락토 올리고당 등을 같이 먹으면 칼슘 흡수에 도움이 된다.

4. 오메가 3

불포화지방산으로 알파 리놀렌산, DHA, EPA 등을 통틀어 오메가 3라고 부른다. 뼈 형성을 촉진하고 신진대사가 원활하게 이뤄지도록 돕는다. 또 콜레스테롤 형성을 억제해 비만 예방에도 효과를 볼 수 있다. 두뇌 기능을 활성화하기 때문에 영유아 때부터 꾸준히 먹이면 두뇌 발달에도 도움이 된다. 견과류나 등 푸른 생선 등에 많이 함유되어 있다고 알려졌지만, 음식으로는 충분한 양을 섭취하기 어려워 대부분 영양제로 먹는다.

성조숙증에 영향을 미치는 음식에 대한 오해와 진실

"○○는 먹으면 안 된다면서요?"
"○○를 먹으면 가슴이 나온다네요."

성조숙증에 관심이 많은 부모들 사이에서 오가는 정보를 보면 맞는 것도 있지만 사실과 다른 내용도 꽤 많다. 그런데 그런 근거 없는 정보의 대부분이 음식에 대한 것이다. 그 내용을 잘 살펴보면 먹을거리에 대한 불신감에서 비롯된 것들도 있고, 섭취량에 따라 인체에 미치는 영향이 달라진다는 것을 무시한 채 단지 식품 속에 함유된 영양 성분만 따져 '성조숙증 진행을 촉진하는 음식'이라는 딱지를 붙인 것들도 있다.

조심하는 것은 좋지만 일반에 잘못 알려진 정보를 맹목적으로 따른다면 아이의 식생활에 영향을 미칠 수 있고, 음식을 준비하는 엄마에게도 부담이 될 수 있으니 제대로 확인해 안심하고 먹일 수 있길 바란다.

오해와 진실_ 1. 콩을 먹이면 성조숙증이 온다?

오해 여자아이가 콩을 많이 먹으면 가슴이 나오면서 성조숙증이 유발된다. 콩에 들어 있는 에스트로겐(여성호르몬) 때문이며 두부나 두유도 먹이지 않는 것이 좋다.

진실 콩에 들어 있는 이소플라빈은 여성호르몬과 비슷한 작용을 하는 식물성 호르몬이기 때문에 콩을 많이 먹으면 여성호르몬 분비가 활성화되기도 한다. 그런데 이는 어디까지나 여성호르몬이 현재 분비되고 있는 경우에만 해당된다. 아직 여성호르몬이 분비되지 않는 여자아이에게는 관계가 없다. 여성호르몬이 분비되기 시작한 성조숙증 아이들에게는 영향을 미칠 수 있다. 하지만 콩에 함유된 에스트로겐의 양은 그리 많지 않으니 지속적으로 많은 양의 콩이나 콩으로 만든 요리를 먹는 것이 아니라 가끔 콩밥이나 콩떡을 먹거나 반찬으로 먹는 정도라면 안심해도 좋다.

오해와 진실_ 2. 홍합, 조개도 성조숙증을 부를 수 있다?

오해 홍합, 바지락, 굴 등 조개류는 내장을 제거하지 않고 통째로 먹기 때문에 성호르몬 분비 기관도 섭취하게 되어 성조숙증을 유발한다.

진실 굴이나 조개에는 성호르몬 분비를 촉진하는 아미노산이 들어 있다. 성조숙증 진단을 받은 아이라면 섭취량을 제한하는 등 주의를 기울여야 하지만, 그렇지 않다면 안심하고 먹여도 좋다.

오해와 진실_ 3. 달걀, 닭고기에는 성장촉진제가 들어 있어 성조숙증을 유발한다?

오해 닭을 키울 때 항생제와 성장촉진제를 듬뿍 먹이기 때문에 어릴 때부터 닭고기와 달걀을 먹으면 성조숙증이 온다.

진실 우리나라에서는 닭에게 사용하는 성장촉진제와 항생제 양에 어느 정도 기준을 두고 출하하기 전에는 사용을 금하는 등의 조치를 취하고 있다. 또 일부 브랜드 닭고기와 달걀 중에는 항생제와 성장촉진제의 사용을 극도로 자제하거나 '무항생제' 인증을 달고 출시되는 것도 있으니 안심하고 먹어도 된다. 단, 너무 많이 먹이면 체중 과다로 성조숙증이 올 수 있으니 섭취량을 조절하자.

오해와 진실_ 4. 여자아이에게 자두를 먹이면 안 된다?

오해 생년기 여성에게 좋다고 알려진 '프룬'은 자두를 의미한다. 자두는 여성호르몬을 자극하기 때문에 절대로 먹이면 안 된다.

진실 자두 또한 콩처럼 이미 여성호르몬이 분비되는 아이들에게 영향을 미치는 식품이다. 성조숙증 치료를 받고 있다면 모를까, 그렇지 않은 경우라면 안심하고 먹여도 좋다. 자두는 하우스에서 재배하는 과일이 아니라서 수확기에만 맛볼 수 있는 제철 과일이니 자두 철에 몇 개 먹는 정도는 괜찮다.

프룬 주스나 드라이 프룬 등 건강식품을 꾸준히 먹고 있다면 위험할 수도 있지만 갱년기 여성에게 좋다는 건강식품을 일부러 어린아이들에게 먹이는 일은 없을 것으로 믿는다.

오해와 진실_ 5. 새우, 게 등 갑각류를 먹으면 성조숙증이 온다?

오해 갑각류를 먹으면 콜레스테롤 수치가 높아져 체중도 늘어나고 성조숙증이 오니 먹이지 않는 게 좋다.

진실 새우와 게, 바닷가재 등 갑각류에 콜레스테롤이 풍부하다는 사실은 잘 알려져 있다. 매일 일정량을 꾸준히 먹는다면 콜레스테롤 수치가 올라가고 체중이 늘어날 수 있지만, 어쩌다 한 번 적당량을 먹는 정도로는 큰 상관이 없다. 단, 소아 비만이거나 과체중인 아이라면 섭취량을 제한하는 편이 좋다.

오해와 진실_ 6. 알류는 무조건 안 된다?

오해 달걀, 명란, 연어알, 날치알 등 모든 알류에는 성장을 촉진하는 물질이 가득 들어 있다. 특히 성호르몬을 자극하는 물질이 함유되어 알류를 먹으면 아이에게 성조숙증이 올 수 있다.

진실 알류는 필수아미노산과 비타민, 미네랄이 풍부한 영양의 보고다. 양질의 영양을 섭취해야 하는 아이들이 먹으면 몸을 튼튼하게 하고 바르게 성장할 수 있도록 도움을 주는 식품이라 할 수 있다. 성조숙증 진단을 받았거나 성조숙증이 의심되는 아이가 아니라면 한 번에 많은 양을 먹거나 너무 자주 먹지 않도록 주의하면서 먹이면 된다.

의심 가는 식품들 제대로 즐기는 법

성조숙증을 유발하지 않는다는 얘기를 들어도 막상 아이에게 먹이려면 꺼림칙한 것도 사실이다. 안심하고 먹을 수 있는 방법을 참고하자.

한 번에 하나씩 먹는다

매일 콩밥에 조갯국, 명란젓과 달걀말이, 새우볶음과 게찜, 굴전, 닭튀김을 먹고 디저트로 자두를 먹는 일은 없을 것이다. 아무리 안심하고 먹어도 좋다고 말은 했지만 이 정도 식단이면 성조숙증뿐만 아니라 소아 성인병을 유발할 위험도 있다.

의심 가는 식품을 안심하고 먹을 수 있는 가장 좋은 방법은 식단을 짜서 한 번에 하나씩, 과식하지 않도록 주의하는 것이다. 조갯국을 끓였다면 달걀이나 닭고기 요리는 피하고, 알탕을 끓이려 한다면 국물을 낼 때 새우나 조개류를 사용하지 않는 식으로 하면 된다.

과식하지 않는다

'달걀은 하루 한 알, 두유는 하루 한 잔' 식으로 양을 정해 먹이자. 특정 음식만 지나치게 많이 먹이면 영양 불균형이 올 수도 있고 편식 습관이 들 수 있으니 주의하자.

2. 엄마가 시작하는 내 아이 비만 예방

Dr. Koh의 소아 비만 예방법

과체중이나 소아 비만은 성조숙증의 직접적인 원인이 되기 때문에 성조숙증을 예방하고 치료하기 위해선 엄마가 앞장서서 아이의 체중을 조절해주어야 한다. 가정에서 할 수 있는 효과적인 비만 예방법에 대해 알아보자.

소아 비만, 왜 문제인가?

불과 10년 동안 성조숙증이 급증하게 된 배경으로 전문가들은 소아 비만의 증가를 꼽고 있다.

비만으로 체지방이 많아지면 우리 몸의 체지방과 혈당을 조절하는 인슐린의 기능에 이상이 생긴다. 이 때문에 혈중에 인슐린 양이 많아지면서 호르몬 분비에 이상이 생겨 성호르몬의 분비가 증가하는 것이다.

또한 소아 비만은 성조숙증뿐만 아니라 다양한 질병의 원인이 되기도 한다. 건강하게 쑥쑥 커야 할 아이들이 성인도 감당하기 힘든 병에 걸려 고통 받지 않기 위해서라도 소아 비만은 반드시 예방, 치료해야만 한다.

소아 비만은 병입니다

많은 부모들이 소아 비만을 대수롭지 않게 넘긴다. 나이가 들면 살이 자연스럽게 빠진다며, 한창 클 나이에 외모에만 관심을 갖고 살찌는 것을 두려워하면 안 된다며 아이의 체중에 크게 신경 쓰지 않는다.

하지만 정상적으로 자라는 아이에게는 소아 비만이나 과체중이 생기지 않는다. 소아 비만은 아이 몸에 이상이 생겼거나, 반대로 소아 비만 때문에 아이의 건강과 정상 성장에 문제를 일으킬 수 있는 병이 자라나고 있다는 신호인 셈이다.

소아 비만을 방치하면 청소년기를 넘어 성인이 되어서도 비만이 지속될 가능성이 높아진다. 성인 비만의 3분의 1 정도가 소아기부터 시작된다고 하니, 지금 당장 비만 증세를 보이는 아이들은 앞으로 성인 비만의 예비군에 해당한다고 볼 수 있다.

소아 성인병 유발하는 소아 비만

아이에 따라서 성인이 되기 전에 성인병 증상을 나타내기도 한다. 소아 당뇨, 소아 고혈압 등 소아 성인병이 바로 그것이다.

갑작스럽게 체중이 불어난 아이들은 정상 체중의 아이들에 비해 칼로리 소모가 높아진다. 이때 아이들의 심장은 갑자기 늘어난 칼로리 소모를 감당하지 못하고 혈액 공급에 과부하가 걸리면서 심혈관계에 무리가 간다. 이 때문에 심장병, 당뇨병, 고혈압, 동맥경화 등에 걸릴 확률도 높아진다.

체내에 지방이 쌓이면 지방 분해를 담당하는 간에도 무리가 가서 간 기능이 저하되어 쉽게 피로를 느끼거나 지방간, 간경화로 이어지기도 한다. 지방 대사의 이상으로 인슐린이 증가하면 소아 당뇨병을 유발하며, 늘어난 체중을 감당하지 못한 관절에 이상이 생기면서 관절염이 오기도 한다.

1. 소아 당뇨병

당뇨병은 혈중 당분을 조절하는 인슐린에 문제가 발생해 생기는 병으로, 혈중 당분이 체내에서 이용되지 못하고 필요 이상으로 증가해 소변으로 배설되는 증상을 말한다.

당뇨병은 인슐린 분비는 정상적으로 이뤄지지만 인슐린 이용은 제대로 되지 않는 인슐린 비의존형 당뇨와 췌장에서의 인슐린 감소가 원인이 되는 인슐린 의존형 당뇨로 나뉜다. 과거 소아 당높는 인슐린 의존형 당뇨가 많았지만, 소아 비만 환자가 늘어나면서 어린아이들에게도 인슐린 비의존형 당뇨가 늘어나고 있다.

당뇨병에 걸리면 신체의 주된 에너지원인 포도당이 제대로 분해되지 않아 뇌 중추신경이 약해지는 등의 문제를 야기하고, 콜레스테롤이 증가해 동맥경화가 진행되며 신장 장애, 시력장애, 혈액순환 장애 등 여러 가지 몸의 이상을 호소하게 된다.

2. 지방간

흔히 지방간은 성인에게만 해당한다고 생각하기 쉽지만 아이들도 지방간 증상을 나타내기도 한다. 과도하게 칼로리를 섭취하면 미처 다 소비되지 못한 칼로리가 중성지방으로 전환되면서 간에 쌓이게 된다. 이렇게 장기간 간에 중성지방이 쌓이면 간비대와 지방간 증상을 일으키게 된다. 소아 비만 때문에 생긴 지방간은 성인이 된 후 간 경변 등 합병증으로 이어질 수 있으니 소아 비만 판정을 받게 되면 반드시 간 검사를 받아보는 것이 바람직하다.

3. 고혈압

소아 비만 판정을 받은 아이들이 고혈압에 걸릴 확률은 정상 체중 아이에 비해 15배나 높다. 소아 비만 때문에 고혈압에 걸리는 원인은 비만으로 몸이 커지면서 혈액의 양도 증가하기 때문이다.

늘어난 체중만큼 커진 몸속 구석구석까지 혈액이 도달하려면 좀 더 많은 혈액이 필요하고, 그에 따라 단위 시간 내에 혈관 속을 흐르는 혈액의 양도 늘어난다. 이 때문에 혈관에 가해지는 압력이 높아져 고혈압이 발생하는 것이다.

소아 비만으로 인한 고혈압은 성인 고혈압처럼 강압제를 먹지 않고 운동과 식이요법으로 고칠 수 있다.

4. 고지혈증

비만이 심해지면 혈액 속에 콜레스테롤이나 중성지방이 늘어나 고지혈증에 걸리게 된다. 고지혈증은 그대로 방치하면 지방간으로 발전하거나 동맥경화를 일으켜 심혈관계 질환의 원인이 될 수도 있으니 반드시 치료하는 것이 좋다. 소아 고지혈증은 약 대신 식이요법과 운동요법으로 해결할 수 있다.

5. 수면 무호흡 증후군

소아 비만 아이들 대부분이 잠잘 때 코를 고는 증상을 보이는

데, 간혹 자는 동안 호흡을 멈추는 수면 무호흡 증후군을 보이는 아이들도 나타난다. 비만이 심해지면서 기도 주변의 연면부 조직에 지방이 축적되어 기도를 압박해 잠을 자는 동안 숨을 쉬기 힘들어지기 때문이다.

수면 무호흡 증후군은 저산소증을 유발하기 때문에 이 상태로 장기간 지내면 깨어 있는 동안에도 졸리거나 멍한 상태로 있게 되어 집중력과 학습력이 저하되는 결과를 가져온다. 수면 무호흡 증후군은 체중이 줄어들면 자연스럽게 사라진다.

6. 성장호르몬 분비 장애

소아 비만 아이들은 정상 체중 아이들에 비해 성장호르몬의 분비가 적어진다. 체지방이 늘어나면 성장호르몬의 분비를 억제하는 유리지방산의 양도 늘어나기 때문이다.

7. 난소 기능 장애

여자아이의 소아 비만은 난소 기능의 이상으로 이어지기도 한다. 소아 비만 상태로 성장하면 난소의 호르몬 분비에 이상이 생기면서 생리가 불규칙해지거나 생리통이 심해지는 등의 부작용을 일으킨다.

8. 기관지 천식

소아 비만 아이들은 정상 체중 아이들에 비해 면역력이 약하기 때문에 가벼운 감기도 쉽게 떨어지지 않아 기관지염이나 천식 등 합병증으로 이어지기도 한다.

9. 피부 변화

소아 비만으로 갑작스럽게 체중이 증가하면 허벅지, 팔뚝 안쪽, 아랫배, 허리 등의 피부에 임신선 같은 피부 균열이 생기기도 한다. 비만을 치료하면 자연스럽게 사라지지만 비만 상태가 계속되면 좀처럼 사라지지 않고 '튼살'로 남아 있게 된다.

10. 골·관절 이상

우리의 신체 구조는 정상 체중을 지탱하기에 적합하도록 만들어졌기 때문에 소아 비만이나 과체중으로 몸무게가 늘어나면 무게중심이 달라져 바른 자세를 취하기 어려워지고, 더 나아가 골반이나 척추 등의 뼈와 관절에 무리가 가해져 골·관절 이상이

오기도 한다. 체중을 줄이면 골·관절 이상도 자연스럽게 사라지지만, 장기간 방치하면 뼈에 변형이 생길 위험도 커진다.

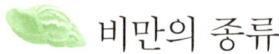 비만의 종류

단순성 비만

소아 비만의 99퍼센트를 차지하는 비만으로, 섭취한 칼로리를 완전히 소모할 정도로 활동하지 않으면 연소되지 못하고 남은 칼로리가 지방으로 축적되면서 생기는 비만이다.

단순성 비만의 원인은 잘못된 식습관과 생활 습관에 있다. 과자, 사탕, 치킨, 피자 등 지나치게 달거나 기름진 음식을 즐기거나 또래에 비해 식사량이 많은 과식 습관, 아침을 거르거나 야식을 즐기는 불규칙한 식습관, 잦은 외식, 동물성 지방의 과도한 섭취, 스트레스와 운동 부족 등은 단순성 비만의 주된 원인이다.

단순성 비만을 해소하기 위해선 운동량과 섭취 칼로리의 균형을 맞추면 된다. 식사량과 내용을 제한하고 규칙적으로 운동하면 정상 체중으로 돌아올 수 있다.

증후성 비만

극히 드문 경우지만 프리이드 라이히 증후군이나 클라인펠터 증후군, 프라더 윌리 증후군, 로렌스 문 비들 증후군, 갑상선 기능 저하증, 가성 부갑상선 기능 저하증, 쿠싱 증후군, 성장호르몬 결핍증 등 특정 질환을 앓고 있을 때도 소아 비만이 나타나기도 한다.

단순성 비만과는 달리 지능 장애가 있거나 체형, 얼굴 모양, 생식기 등에도 이상이 오게 된다. 증후성 비만의 치료도 단순성 비만과 마찬가지로 식이요법과 운동, 생활 습관 개선으로 이뤄진다.

1. 갑상선 기능 저하증

호르몬 분비를 담당하는 갑상선에 문제가 생기면서 혈중 갑상선 호르몬의 농도가 저하되어 생기는 질병이다. 얼굴이 푸석푸석해지고 피부가 건조해지며 체중이 증가하고 성장 장애가 일어나 키가 크지 않는 등의 증상을 보인다. 증상이 악화되면 지능 장애를 일으킬 수도 있으니 조기에 진단하여 치료하자.

2. 쿠싱 증후군

쿠싱 증후군은 부신피질에서 분비되는 호르몬 중 '코티졸'이라는 호르몬이 과잉 분비되면서 생기는 병이다. 쿠싱 증후군에 걸리면 안면에 피하지방이 쌓이면서 얼굴이 보름달처럼 커지고 붉어지는 증상이 나타난다. 온몸에 급속도로 지방이 쌓이면서 팔과 다리를 제외한 부위에만 살이 쪄 상대적으로 팔다리가 가늘어 보이는 이상 체형으로 변하기도 한다. 당뇨병과 고혈압이 발생하며 여드름, 다모증 등을 동반하기도 한다.

유전적 비만

부모의 체질에 따라 소아 비만이 되는 경우도 있다. 통계에 따르면 부모가 둘 다 혹은 어느 한쪽이 비만 체형인 아이가 소아 비만이 될 확률은 부모가 둘 다 비만 체형이 아닌 아이가 소아 비만이 될 확률에 비해 4~8배나 높게 나타난다고 한다.

엄마, 아빠가 모두 비만일 경우 소아 비만 확률 80퍼센트

엄마만 비만일 경우 소아 비만 확률 60퍼센트

아빠만 비만일 경우 소아 비만 확률 40퍼센트

엄마, 아빠 모두 비만이 아닐 경우 소아 비만 확률 10퍼센트

소아 비만 측정법

아이를 키우다 보면 아이의 상태를 객관적으로 평가하기 어려워질 때가 있다. 정상 체형인데도 뚱뚱해 보이거나, 과체중인데도 눈으로는 그다지 뚱뚱해 보이지 않는 경우다. 그렇기 때문에 단순히 체중 측정만으로 아이의 상태를 단정 짓지 말고 다양한 방법으로 아이의 비만도를 체크하는 것이 바람직하다.

내 아이 비만 척도, BMI

비만이 문제이다 보니 많은 부모가 아이의 비만을 걱정하고 체중을 관리하려 한다. 심하면 영아기부터 칼로리를 계산해 우유를 먹이거나, 한창 음식 맛을 알아가는 아이에게 채식 위주의 식사를 강요하는 일도 있다. 또 원래 자라는 아이들은 일시적으로 살이 붙

었다가 키가 자라는 것을 반복하면서 성장하는데, 일부 부모님들은 아이를 비만으로 판정하고 다이어트로 식사를 제한해 오히려 아이가 영양부족 상태에 이르기도 한다.

아이의 비만도를 체크하는 가장 확실한 방법은 표준체중을 구하는 비만도와 체질량 지수라고도 하는 BMI^{Body Mass Index}, 전기 저항법을 이용한 체지방량 측정이 있다. 체지방량을 측정하려면 측정기가 필요하므로 병원이나 피트니스 센터에 가야 하지만, 표준체중이나 BMI는 집에서도 쉽게 체크할 수 있으니 아이를 비만으로 단정 짓기 전에 꼭 확인해보자.

또한 흔히 마른 비만이라 하여 배만 나오는 복부 비만이나 내장 비만이 늘고 있는 추세다. 건강에도 더 악영향을 주는 것이 바로 이 마른 비만, 내장 비만이다. 따라서 BMI를 체크할 때 단순하게 체중의 숫자보다는 체형을 기준으로 보는 것이 더 중요하다.

표준체중 측정법 표준체중 = (신장-100)×0.9

BMI 계산법 체중(kg) ÷ 키^2(m^2)

소아·청소년 발육 표준치

체중, 신장, 체질량 지수로 알아보는 우리 아이의 발육 정도

남아				연령	여아			
체중 (kg)	신장 (cm)	체질량지수 (kg/m²)	머리둘레 (cm)		체중 (kg)	신장 (cm)	체질량지수 (kg/m²)	머리둘레 (cm)
3.41	50.12		34.70	출생시	3.29	49.35		34.05
5.68	57.70		38.30	1~2개월[주]	5.37	56.65		37.52
6.45	60.90		39.85	2~3개월	6.08	59.76		39.02
7.04	63.47		41.05	3~4개월	6.64	62.28		40.18
7.54	65.65		42.02	4~5개월	7.10	64.42		41.12
7.97	67.56		42.83	5~6개월	7.51	66.31		41.90
8.36	69.27		43.51	6~7개월	7.88	68.01		42.57
8.71	70.83		44.11	7~8개월	8.21	69.56		43.15
9.04	72.26		44.63	8~9개월	8.52	70.99		43.66
9.34	73.60		45.09	9~10개월	8.81	72.33		44.12
9.63	74.85		45.51	10~11개월	9.09	73.58		44.53
9.90	76.03		45.88	11~12개월	9.35	74.76		44.89
10.41	78.22		46.53	12~15개월	9.84	76.96		45.54
11.10	81.15		47.32	15~18개월	10.51	79.91		46.32
11.74	83.77		47.94	18~21개월	11.13	82.55		46.95
12.33	86.15		48.45	21~24개월	11.70	84.97		47.46
13.14	89.38	16.71	49.06	2~2.5세	12.50	88.21	16.34	48.08
14.04	93.13	16.29	49.66	2.5~3세	13.42	91.93	16.01	48.71
14.92	96.70	15.97	50.10	3~3.5세	14.32	95.56	15.76	49.18
15.91	100.30	15.75	50.43	3.5~4세	15.28	99.20	15.59	49.54
16.97	103.80	15.63	50.68	4~4.5세	16.30	102.73	15.48	49.82
18.07	107.20	15.59	50.86	4.5~5세	17.35	106.14	15.43	50.04
19.22	110.47	15.63	51.00	5~5.5세	18.44	109.40	15.44	50.21
20.39	113.62	15.72	51.10	5.5~6세	19.57	112.51	15.50	50.34
21.60	116.64	15.87	51.17	6~6.5세	20.73	115.47	15.61	50.44
22.85	119.54	16.06	51.21	6.5~7세	21.95	118.31	15.75	50.51
24.84	123.71	16.41		7~8세	23.92	122.39	16.04	
27.81	129.05	16.97		8~9세	26.93	127.76	16.51	
31.32	134.21	17.58		9~10세	30.52	133.49	17.06	
35.50	139.43	18.22		10~11세	34.69	139.90	17.65	
40.30	145.26	18.86		11~12세	39.24	146.71	18.27	
45.48	151.81	19.45		12~13세	43.79	152.67	18.88	
50.66	159.03	20.00		13~14세	47.84	156.60	19.45	
55.42	165.48	20.49		14~15세	50.93	158.52	19.97	
59.40	169.69	20.90		15~16세	52.82	159.42	20.42	
62.41	171.81	21.26		16~17세	53.64	159.98	20.77	
64.46	172.80	21.55		17~18세	53.87	160.42	21.01	
65.76	173.35	21.81		18~19세	54.12	160.74	21.13	

• 주)1~2개월은 1개월부터 2개월 미만에 해당하며, 다른 연령에도 동일하게 적용됨 • 출처 보건복지부(2007년 기준)

신장별 표준 체중

단위 : 체중(kg)

신장 (cm)	남아	여아	신장 (cm)	남아	여아	신장 (cm)	남아	여아	신장 (cm)	남아	여아
44~45주)	2.64	2.47	80~81	11.14	10.79	116~117	21.40	20.99	152~153	45.92	45.71
45~46	2.71	2.62	81~82	11.37	11.03	117~118	21.85	21.40	153~154	46.80	46.64
46~47	2.81	2.80	82~83	11.60	11.27	118~119	22.31	21.83	154~155	47.68	47.57
47~48	2.94	2.99	83~84	11.83	11.51	119~120	22.79	22.27	155~156	48.57	48.50
48~49	3.10	3.19	84~85	12.05	11.76	120~121	23.28	22.72	156~157	49.46	49.42
49~50	3.27	3.39	85~86	12.28	12.00	121~122	23.78	23.19	157~158	50.36	50.33
50~51	3.46	3.60	86~87	12.50	12.24	122~123	24.30	23.67	158~159	51.26	51.23
51~52	3.67	3.81	87~88	12.73	12.48	123~124	24.83	24.16	159~160	52.16	52.12
52~53	3.89	4.03	88~89	12.96	12.73	124~125	25.38	24.68	160~161	53.06	52.99
53~54	4.12	4.25	89~90	13.18	12.97	125~126	25.93	25.20	161~162	53.97	53.85
54~55	4.37	4.48	90~91	13.41	13.22	126~127	26.51	25.75	162~163	54.87	54.68
55~56	4.62	4.71	91~92	13.64	13.46	127~128	27.10	26.31	163~164	55.77	55.48
56~57	4.87	4.94	92~93	13.87	13.71	128~129	27.70	26.89	164~165	56.67	56.25
57~58	5.14	5.17	93~94	14.10	13.96	129~130	28.32	27.48	165~166	57.57	56.98
58~59	5.40	5.41	94~95	14.34	14.21	130~131	28.95	28.09	166~167	58.47	57.67
59~60	5.67	5.64	95~96	14.58	14.46	131~132	29.59	28.72	167~168	59.36	58.32
60~61	5.95	5.88	96~97	14.82	14.71	132~133	30.25	29.37	168~169	60.25	58.93
61~62	6.22	6.12	97~98	15.07	14.97	133~134	30.92	30.04	169~170	61.14	59.47
62~63	6.50	6.36	98~99	15.33	15.23	134~135	31.61	30.72	170~171	62.02	59.96
63~64	6.77	6.60	99~100	15.59	15.49	135~136	32.31	31.42	171~172	62.90	60.39
64~65	7.05	6.85	100~101	15.85	15.76	136~137	33.02	32.14	172~173	63.77	60.74
65~66	7.33	7.09	101~102	16.13	16.03	137~138	33.74	32.88	173~174	64.63	61.02
66~67	7.60	7.34	102~103	16.41	16.31	138~139	34.48	33.63	174~175	65.49	
67~68	7.87	7.58	103~104	16.70	16.59	139~140	35.23	34.40	175~176	66.33	
68~69	8.14	7.83	104~105	16.99	16.88	140~141	35.99	35.19	176~177	67.18	
69~70	8.41	8.08	105~106	17.30	17.17	141~142	36.76	36.00	177~178	68.01	
70~71	8.67	8.33	106~107	17.62	17.47	142~143	37.55	36.82	178~179	68.83	
71~72	8.93	8.57	107~108	17.94	17.78	143~144	38.35	37.66	179~180	69.65	
72~73	9.19	8.82	108~109	18.28	18.10	144~145	39.15	38.51	180~181	70.45	
73~74	9.44	9.07	109~110	18.63	18.42	145~146	39.97	39.37	181~182	71.25	
74~75	9.70	9.31	110~111	18.99	18.76	146~147	40.79	40.25	182~183	72.04	
75~76	9.94	9.56	111~112	19.36	19.10	147~148	41.63	41.14	183~184	72.82	
76~77	10.19	9.81	112~113	19.74	19.46	148~149	42.47	42.04	184~185	73.59	
77~78	10.43	10.05	113~114	20.14	19.82	149~150	43.32	42.95	185~186	74.35	
78~79	10.67	10.30	114~115	20.55	20.20	150~151	44.18	43.86			
79~80	10.90	10.54	115~116	20.97	20.59	151~152	45.05	44.79			

- 주)44~45는 신장 44센티미터부터 45센티미터 미만에 해당하며, 다른 신장 구분에도 동일하게 적용됨
- 출처 보건복지부(2007년 기준)

성장의 장애물, 소아 비만을 예방하라

소아 비만은 성조숙증의 원인이 될 뿐만 아니라 소아 당뇨 등 성인병을 유발하기도 한다. 무엇보다도 외모에 한창 관심이 많아지는 10대 전후에 발병하는 소아 비만은 아이들의 정서 발달에도 악영향을 미친다.

지방세포 증가가 비만의 원인

소아 비만의 직접적인 원인은 바로 지방세포의 크기와 수의 증가다. 그래서 지방세포 수가 늘어나는 영아기와 지방세포의 크기가 커지는 청소년기에 갑자기 살이 찌는 예가 많다.

문제는 지방세포의 크기는 줄일 수 있어도 수를 줄일 수 없다는 것이다. 영아기의 비만이 청소년기를 거쳐 성인 비만으로 이어질 확률이 높다는 뜻이다. 우리나라에서는 오동통한 아이를 보면 '건강하다'고 칭찬하며 무조건 잘 먹는 것을 복으로 생각해 자칫 아이를 비만아로 키우기 쉽다. 영아기의 비만은 눈으로 쉽게 구별할 수 없어 부모가 방심하는 사이 한순간에 아이가 비만 체형으로 바뀌어버리기도 한다.

따라서 소아 비만을 예방하기 위해선 영아기부터 과식을 금하고 절제된 식습관을 들이는 방법이 가장 좋다. 그 시기를 놓쳤다면 정상 체중으로 영아기를 보낸 아이들보다 더욱 신경 써서 음식을 조절해줘야 유아기와 청소년기를 무사히 보낼 수 있다. 기름진 음식, 단 음식 등 고칼로리 음식을 피하고 트랜스 지방이 함유된 인스턴트식품, 패스트푸드는 삼가도록 하자.

고칼로리 섭취는 비만의 지름길

일상적으로 섭취하는 칼로리가 소모되는 칼로리보다 많으면 소모되지 못한 에너지가 몸에 남아 살이 찌게 된다. 따라서 비만을 예방하는 가장 좋은 방법은 고칼로리 음식을 피하고, 충분한 운동을 통해 섭취한 칼로리는 모두 소모하는 것이다.

비만을 부르는 식생활

1. 아침을 거른다.
2. 간식과 야식을 즐긴다.
3. 당분과 지방이 많은 음식을 즐긴다.
4. 인스턴트식품과 패스트푸드, 스낵류를 즐겨 먹는다.
5. 채소, 과일을 잘 먹지 않는다.
6. 짠 음식을 좋아한다.
7. 편식이 심하다.
8. 생선보다 고기를 훨씬 즐겨 먹는다.
9. 뼈째 먹는 생선, 우유 등 칼슘이 풍부한 음식을 좋아하지 않는다.
10. 하루 식사 대부분을 외식이나 배달 음식, 냉동식품, 마트 음식으로 때운다.

안 먹어도 살이 찔 수 있어요!

많이 먹어서 살이 찌는 아이들은 운동 처방이나 식사 조절로 얼마든지 비만에서 벗어날 수 있다. 문제는 많이 먹지 않는데도 살이 찌는 아이들이다.

부모가 모두 비만 체형이라면 아이도 비만일 확률은 80퍼센트, 부모 중 한쪽만 비만이면 40~60퍼센트, 부모가 말랐는데도 아이가 비만일 확률은 10퍼센트라고 한다. 부모의 체형이 아이에게 미치는 영향이 이렇게 크니, 부모가 비만하다면 어릴 때부터 아이의 식생활을 통제해 비만이 되지 않도록 주의하는 것이 좋다.

이외에도 운동 부족, 열등감이나 우울증 등 심리적인 불안 요소가 있거나, 갑상선 기능 저하증 등 내분비 질환을 앓는다면 쉽게 비만해질 수 있다.

비만을 예방하는 식이요법

아이들은 성장 속도가 빨라 지방세포도 순식간에 늘어나고 커지는데, 일단 생긴 지방세포는 살이 빠져도 그 수가 줄어들지 않아 성인 비만으로 이어질 우려가 높다. 따라서 소아비만은 초기에 잡아 아이가 살찌는 체질이 되지 않도록 주의해야 한다.

식이요법으로 체중을 줄이기 위해 무엇보다도 유의해야 하는 것은 단순히 칼로리만 따져 먹이는 것이 아니라, 영양 성분까지 종합적으로 고려해야 한다는 점이다. 열량 높은 간식을 먹었다고 식사를 거르거나 점심, 저녁을 잘 먹이기 위해 아침을 굶기면 오히려 역효과를 낼 수 있다. 영양소가 골고루 함유된 양질의 음식을 즐거운 마음으로 먹도록 하는 것이 식이요법의 기본임을 명심하자.

1. 야식 금지

늦은 밤에 먹는 야식은 입에는 꿀맛이지만 몸에는 독이 된다. 밤에는 신체 활동이 없어서 섭취한 칼로리가 고스란히 살로 가기 때문이다. 음식물을 소화시키기 위해 잠자는 동안에도 몸이 쉬지 못해 아침에 일어나도 피로가 풀리지 않는 등의 문제도 유발한다. 아이들의 원활한 성장호르몬 분비에도 악영향을 미치니 야식은 바로 끊도록 하자.

2. 아침은 필수!

아침을 거르는 습관을 들이면 아이의 집중력과 학습 능력에 나쁜 영향을 미친다. 아침 식사를 통해 오전에 필요한 에너지를 얻어야 하는데, 아침을 거르면 제대로 기운을 낼 수 없기 때문이다. 부족한 에너지를 보충하기 위해 점심과 저녁에 과식하거나 간식을 찾는 등 식습관이 불규칙해지는 것도 문제다.

3. 외식은 신중하게

잦은 외식은 비만으로 이어지기도 하지만, 어쩌다 한 번 하는 외식은 아이들에게 즐거움을 주고 가족끼리 친목을 다지는 자리가 되기도 한다.

즐겁고 건강하게 외식하기 위해서는 메뉴 선정이 중요하다. 고칼로리 음식이 많은 패밀리 레스토랑이나 패스트푸드점은 피하고 합성 첨가물을 많이 사용하는 식당도 피하자. 음식을 먹을 때도 아이가 편식하지 않고 골고루 먹을 수 있도록 지도하며, 분위기에 휩쓸려 과식하지 않도록 주의하자.

4. 단칼에 끊지 말도록!

몸에는 좋지 않지만 아이들이 좋아하는 음식이 있다. 탄산음료, 단맛이 나는 어린이용 음료, 설탕이 듬뿍 든 과자, 인공 향료와 색소로 예쁘게 꾸민 사탕, 크림이 가득한 케이크, 트랜스 지방이 다량 함유된 패스트푸드……. 그런데 이 모든 음식은 유감스럽게도 비만 체형 아이들이 특히 좋아하는 음식이다.

건강에도 좋지 않고 살만 찌우는 이 음식들을 먹지 못하게 하는 것이 식이요법의 기본이지만, 단칼에 금지시키면 아이는 심한 스트레스를 받고 부모 눈을 피해 숨어서 폭식할 우려도 생긴다.

아이는 성인보다 의지력이 약하기 때문에 하루아침에 끊도록 강요하기보다 원칙을 정해 횟수와 양을 서서히 줄여나가는 방식을 취하는 편이 좋다.

5. 편식 습관 고치기

편식은 비만에도, 영양부족에도 영향을 미친다. 성장기 아이의 건강뿐만 아니라 성인이 된 후의 체형과 건강, 식습관, 성격 형성에도 영향을 미치니 편식 습관이 있다면 어릴 때 바로잡아주는 것이 좋다.

아이가 편식을 하는 데에는 분명한 이유가 있다. 맛이 없다거나, 예전에 그 음식을 먹고 나서 큰 탈이 났다거나 하는 '타당한' 이유가 있는 한편, 색이 이상하다, 모양이 이상하다, 그냥 싫다 등 부모 입장에선 이해되지 않는 이유도 있다.

편식 습관을 고치기 위해선 먼저 아이가 그 음식을 싫어하거나 좋아하는 이유를 분명히 파악한 다음 그 문제를 해결해나가면서 아이가 여러 음식에 익숙해지도록 유도하는 방식으로 진행하는 것이 좋다.

채소를 싫어하는 아이라면 햄버거, 수프, 볶음밥처럼 채소 형태를 알아볼 수 없는 요리를 만들어준 다음 나중에 아이에게 "이렇게 잘 먹었잖니" 하고 칭찬해주면 된다. 예전에 먹고 탈이 났던 음식이나 모양, 색이 마음에 들지 않아 싫어하는 음식은 아이가 좋아하는 형태로 조리해 맛에 길들도록 하는 것이 좋다. 그렇게 매일 조금씩 양을 늘려나가면서 자연스럽게 받아들이도록 하면 아이도 골고루 먹는 식사의 즐거움을 알고 건강하게 자랄 수 있다.

아이의 입을 벌리고 억지로 집어넣는다거나, 좋아하는 음식을 줄이고 싫어하는 음식으로만 상을 차리면 아이의 식생활과 성격 형성에 악영향을 미친다는 사실을 명심하자.

6. 포만감을 주세요

소아 비만 어린이들에게 칼로리를 계산한 식사만 주면 공복감에 힘들어하고 스트레스를 받아 짜증을 부리기도 한다. 따라서 포만감을 줄 수 있는 식단 구성이 중요하다.

강냉이, 뻥튀기처럼 칼로리는 적지만 배는 부른 음식을 간식으로 줘도 되고 채소 요리, 버섯, 묵, 두부처럼 포만감을 줄 수 있는 재료로 식단을 구성해도 좋다.

7. 일기 쓰기

일기를 쓰는 습관은 소아 비만의 치료와 관리에 도움이 된다. 처음에는 평소 쓰는 일기의 시작 부분에 그날 섭취한 음식과 운동, 활동 내용을 적는다. 그중에서 배가 고프지 않았는데 습관적으로 먹은 것은 무엇이었는지, 운동할 시간이 있었는데도 하지 않은 것은 아니었는지 돌아보는 시간을 갖는다. 이에 대한 이해가 이루어지고 관리에 대한 의욕이 생기면 내일 일기를 미리 쓰도록 한다. 내일 무엇을 먹을 것이고, 언제 어떤 운동을 할 것인지를 미리 계획하고 실행하는 것이다. 이 단계가 익숙해지면 다시 하루를 마감하면서 일기를 쓴다. 스스로 다소 강제적으로 관리하는 것이 내일 일기라면, 저녁에 하루를 돌아보면서 쓰는 일기는 강제성보다는 스스로 익숙해진 하루 일과 속에서 관리할 수 있기 때문에 더 자연스럽고 자발적인 관리, 습관화된 일상이라 할 수 있겠다.

비만을 예방하는 식습관

1. 편식하지 않고 골고루 먹는다.

2. 고기보다 생선을 먹는다.

3. 고기나 튀김 등 기름진 음식을 먹을 땐 평소보다 채소를 더 많이 먹는다.

4. 밀가루 음식을 삼간다.

5. 너무 무른 음식이나 딱딱한 음식을 피한다.

6. 맵고 짠 음식은 피하고 싱겁게 먹는다.

7. 하루 세끼, 균형 잡힌 식사를 한다.

8. 점심과 저녁 사이에 가벼운 간식을 줘서 저녁에 폭식하는 것을 막는다.

9. 배달 음식, 패스트푸드, 인스턴트식품, 냉동식품, 마트 음식 등의 섭취를 자제한다.

10. 청량음료, 과일 주스 등 칼로리가 높은 음료수는 피한다.

11. 설탕이나 크림이 듬뿍 들어간 과자와 빵, 케이크는 자제한다.

12. 과자류를 구입할 때는 포장의 식품 영양 구성을 잘 살펴 칼로리가 너무 높거나 식품첨가물, 트랜스 지방이 함유된 제품은 피한다.

13. 다른 일을 하면서 먹지 않는다. 텔레비전이나 책을 보면서 밥을 먹으면 무의식중에 과식을 하게 된다.

14. 저녁 식사 시간에는 과식을 하지 않는다.

15. 너무 늦게 저녁을 먹지 않는다.

16. 야식을 먹지 않는다.

17. 한입에 서른 번 이상 꼭꼭 씹어 먹는다.

18. 식사 후 10분 동안 휴식을 취한다.

19. 식사 후에는 곧바로 이를 닦는다.

20. 식사 후 곧바로 눕거나 잠을 자지 않는다.

3. 튼튼한 몸, 건강한 성장

Dr. Koh의 운동 습관 들이기

학원 숙제, 학교 공부로 쉴 틈이 없고, 그나마 여유가 생기면 스마트폰을 붙들고 게임과 채팅, 인터넷 검색에 여념이 없는 요즘 아이들은 부모 세대의 어린 시절에 비해 활동량이 매우 줄어들었다고 할 수 있다.

부모 세대가 어릴 때만 해도 '논다'는 것은 밖에 나가 친구들과 뛰어노는 일을 의미했는데, 요즘 아이들은 혼자 음악을 듣거나 게임을 하고 텔레비전을 보는 것을 '논다'라고 하는 듯하다. 친구와 놀더라도 예전처럼 몸을 움직이는 것이 아니라 컴퓨터나 스마트폰으로 게임을 하고, 수다를 떠는 것이 전부이다.

그런데 성장기 아이들에게 운동은 매우 중요한 의미를 갖는다. 운동을 통해 일상생활에서는 별로 쓰지 않던 근육과 관절을 고루 움직이면 아이가 올바르게 성장하는 데 큰 도움이 된다. 여분의 지방을 연소시키고 근육량을 늘려주어 적정 체중을 유지할 수 있도록 하며, 성장판을 자극하고, 혈액순환과 신진대사를 활성화해 아이가 건강하게 자라날 수 있도록 하기 때문이다.

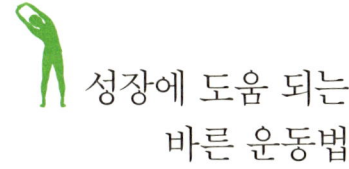
성장에 도움 되는 바른 운동법

과한 운동은 안 하느니만 못하다

과도한 운동은 관절과 근육에 무리를 주어 숙면을 방해할 수 있으며, 자칫 성장판을 손상시킬 수 있다.

가장 좋은 방법은 평소엔 자신이 감당할 수 있는 40~60퍼센트 정도만 몸을 움직이면서 체력을 기르다가 가끔씩 온 힘을 발휘해 땀범벅이 될 정도로 열심히 운동하는 것이다. 이는 심폐기능과 지구력 향상에 도움이 된다.

처음부터 매일 할 필요는 없다

　매일 꾸준히 운동을 하면 좋지만, 너무 어린 아이에게 규칙적인 생활을 강요하면 아이가 운동에 흥미를 잃고 운동을 스트레스로 인식할 수 있다. 또 숙제, 학원 등으로 하루 종일 정신없이 움직인 아이에게 운동을 하라고 하면 오히려 아이의 기운을 빼는 역효과를 볼 수 있다.
　시작 단계에선 일주일에 1~3회 정도 아이의 상태를 봐가며 운동을 시키다가 서서히 횟수를 늘려가면서 습관을 들이는 것이 좋다.

혼자보다는 둘이 좋아요

　아이가 운동을 '놀이'로 받아들이는 것이 아이의 흥미를 끄는 데도 좋고, 꾸준히 운동하는 습관을 들이는 데도 도움이 된다. 그러기 위해선 함께 운동할 상대가 필요하다. 집에서 운동을 한다면 온 가족이 함께 시간을 정해놓고 운동을 하고, 그렇지 않다면 태권도 학원이나 축구 교실, 농구 교실, 체육 학원 등에 등록시켜 친구들과 함께 운동할 수 있는 기회를 마련해주어야 한다.

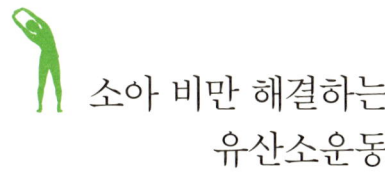
소아 비만 해결하는 유산소운동

　성조숙증의 원인이 되는 소아 비만을 해결하려면 식이요법과 함께 운동요법을 병행해야 한다. 이때는 지방 연소 효과가 높은 유산소운동이 좋다.
　지방 연소 효과가 높은 유산소운동은 아이들의 체중 감량에 큰 효과가 있다. 또 장시간 운동해도 힘이 들지 않아 체력과 지구력이 약하고 근육량, 폐활량이 적은 아이들에게 제격이다. 꾸준히 운동하면 에너지 소모량의 불균형을 해소하고 지방량을 줄일 수 있으며, 심폐기능과 지구력 강화, 집중력 향상, 소아 성인병 예방 등의 효과를 볼 수 있다.

유산소운동의 효과

유산소운동은 산소를 충분히 공급받아 에너지를 발생시키는 운동이다. 단순히 칼로리 소모가 아니라 살을 빼기 위해 체지방을 연소시키고자 할 때 필수다. 유산소운동으로는 걷기, 달리기, 스트레칭, 수영, 자전거 타기, 등산 등이 있다.

유산소운동은 어떤 방법으로 얼마나 지속하는가에 따라 감소되는 체지방량이 크게 달라진다. 유산소운동을 하면 처음 20분 동안은 탄수화물을 소비하고, 그 후부터 체지방이 분해되기 때문이다. 예를 들어 같은 달리기라도 100미터 단거리 달리기는 무산소운동에 속한다. 운동을 시작한 직후에는 산소가 공급되지 않기 때문이다. 따라서 높은 강도로 단시간 운동하기보다 강도가 낮더라도 오랫동안 계속하는 것이 체지방 분해에 더 효과적이다.

단순하고 지속적이면서 서서히 할 수 있는 전신운동이 바람직하며, 운동을 시작할 때 준비운동으로 가벼운 스트레칭을 하고 운동을 다 한 다음 또 한 번 스트레칭을 하면 운동에 따른 피로를 덜 수 있다.

1. 걷기 운동

대표적인 유산소운동인 걷기 운동은 아이들이 '운동'을 하고 있다고 인식하지 못할 정도로 쉽고 가벼운 운동이다. 신체에 부담이 적고 위험도 거의 없으면서 체중 감소 효과가 확실하다는 장점이 있다. 시간과 속도를 조절할 수 있고 돈이 들지 않는다는 것도 걷기 운동의 장점이다.

운동 요령 어린아이들은 장시간 걷기 어려울 수 있으니 처음에는 운동 시간을 15분 정도로 하고 차츰 늘려가는 것이 좋다. 땀을 잘 흡수하고 통기성이 좋은 옷을 입히고, 발이 편한 운동화를 신기자.

2. 달리기(조깅)

달리기는 지방 연소 효과뿐만 아니라 다리의 근력을 키우고 폐활량을 늘리며 지구력을 길러주는 효과도 있다. 처음에는 걷기와 비슷한 속도로 가볍게 뛰다가 몸이 적응하면 차츰 속도를 높이는 것이 좋다. 시간은 30~40분이 적당한데, '5분 뛰고 5분 걷기'를 원칙으로 하면 힘도 들지 않고 운동 효과도 높일 수 있다.

운동 요령 달리기는 다리 근육과 관절에 부담을 주는 운동이다. 본격적으로 달리기 전과 달리기를 마친 후에 충분한 스트레칭으로 발목과 무릎, 허리 관절을 풀어주면 근육과 관절의 부담도 적고 안전사고도 예방할 수 있다. 땀을 잘 흡수하고 통기성이 좋은 옷을 입히고 반드시 조깅화나 발이 편한 운동화를 신긴다. 운동화 끈을 느슨하거나 너무 꽉 조여도 안전사고의 우려가 있으니 혈액순환이 잘될 정도로 적당히 묶어준다.

3. 자전거 타기

대표적인 전신운동인 자전거 타기는 체지방 감소는 물론이고 폐활량을 늘리고 지구력을 키우는 데도 도움이 된다. 근력을 키워주면서 관절에 부담을 주지 않아 더욱 좋다. 야외에서 자전거를 타다 보면 스트레스도 해소되기 때문에 아이들의 정신 건강에도 좋다.

운동 요령 페달을 밟을 때 발이 미끄러지지 않도록 반드시 양말과 운동화를 챙겨주자. 넘어졌을 때 찰과상을 입을 수 있으니 긴팔과 긴 바지를 입는 것이 좋다. 헬멧과 무릎 보호대를 착용하면 더욱 안전하게 자전거를 탈

수 있다.

4. 수영

수영은 칼로리 소모가 많기 때문에 적은 시간에 큰 운동 효과를 볼 수 있다. 물속에서 하는 운동이기 때문에 근육과 관절에 부담이 가지 않으며, 폐활량과 지구력을 키우는 데도 도움이 된다.

> **운동 요령** 수영을 하면 어깨가 넓어진다고 하는데, 매일
> 장시간 수영을 하지 않는 이상 체형 변화가 오는 일은
> 거의 없으니 안심해도 좋다. 아이들의 수영 실력에 따라
> 보조 기구를 사용하면 좀 더 안전하고 즐겁게 수영을 할
> 수 있다.

5. 등산

등산은 걷기 운동과 자연 관찰, 가족 소풍을 동시에 할 수 있는 운동이다. 체중 감소 효과가 크고 폐활량과 지구력을 키울 수 있다.

> **운동 요령** 아이의 체력과 근력을 고려했을 때 경사가 심

하지 않은 야산이나 일반적인 등산로의 초입 정도가 적합하다. 1시간~1시간 30분 정도 소요되는 코스가 적당한데, 5~10분 간격으로 휴식을 취하면서 아이들이 힘들어하지 않도록 살펴준다. 어린이용 등산화를 신기면 좀 더 안전하게 등산을 즐길 수 있다.

6. 제자리 걷기

야외에서 하는 걷기 운동은 날씨나 기온, 시간대에 따른 제약이 있다. 그럴 땐 집에서 제자리 걷기를 하도록 유도하면 된다. 제자리에서 걷거나, 집 안을 일정한 속도로 돌아다니는 식으로 하면 되는데, 걷기 운동과 같은 효과를 볼 수 있다.

운동 요령 야외에서 걷는 것보다 지루할 수 있는데, 이럴 때는 재미있는 텔레비전 프로그램이나 흥겨운 음악을 틀어주면 도움이 된다. 또 아이 혼자 하도록 하기보다 부모가 같이하면 놀이 효과도 얻을 수 있다.

 구기 운동과 격투기

구기 운동은 공을 던지고 받는 동작을 통해 팔 힘을 기르고 집중력과 순발력을 향상할 수 있으며, 구기 운동의 기본인 달리기와 뛰기를 반복하면서 유산소운동 효과도 얻을 수 있다.

또 여러 명이 함께 팀을 이뤄야 하는 단체 운동이기 때문에 협동심을 기르고 다른 사람을 먼저 생각하는 배려심을 배울 수 있어 아이들의 태도 교정에도 도움이 된다.

격투기는 운동 효과와 함께 인성 발달 효과도 얻을 수 있다.

축구

전신운동인 축구는 칼로리 소모가 커서 체중 감량 효과가 뛰어나다. 또 팀워크가 요구되는 단체 운동이라 협동심을 기르는 데도 도움이 된다.

농구

축구 등 다른 구기 운동이 지면에서 이뤄지는 것과는 달리 농구는 지면에서의 패스, 드리블과 점프를 하면서 슛을 하는 공중 동작으로 되어 있어 좀 더 입체적으로 운동할 수 있다. 또 민첩한 동작과 빠른 판단이 요구되기 때문에 순발력과 민첩성을 기르는 데도 도움이 된다. 특히 농구의 점프 동작은 근육과 관절의 발달에 도움이 되기 때문에 체중 감소와 함께 키 성장 효과도 기대할 수 있다.

피구

공을 던지고, 받고, 피하는 동작으로 이뤄진 피구는 팔 힘을 길러주고 순발력, 집중력을 키우는 데 도움이 된다. 던지기와 받기를 못해도 피하기만 잘하면 얼마든지 피구를 할 수 있기 때문에 다른 구기 종목과는 달리 운동을 잘 못하는 아이들도 즐겁게 할 수 있는 운동이다.

태권도

태권도는 다른 격투기와는 달리 유산소운동이기 때문에 비만 해소에 큰 효과가 있다. 또 신체 각 부위를 고르게 사용하는 운동이기 때문에 성장기 아이들의 균형 있는 발달에도 도움이 된다.

교육적인 효과도 큰데, 태권도의 기본 원리인 평화 지향적인 기술 체득과 반복적인 예절 교육은 아이들의 인성 발달에도 도움을 준다.

합기도

합기도는 온몸을 골고루 사용하는 권법이기 때문에 아이들의 신체 각 부위를 고르게 발달시켜 체중 감소 효과는 물론이고 균형 잡힌 몸매를 만드는 효과도 있다. 유연성과 지구력, 조정력을 길러주며 합기도의 기본 수련을 통한 인성 발달 효과도 얻을 수 있다.

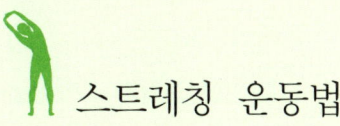

스트레칭 운동법

10~30분 정도 시간을 내서 스트레칭을 해주면 경직되어 있던 근육이 풀리면서 혈액순환에도 도움이 된다.

1. 유연성 길러주는 체전굴

선 자세나 다리를 펴고 앉은 자세에서 몸을 앞으로 숙이는 체전굴은 유연성을 길러주며 팔, 다리, 골반, 등 부위의 근육과 인대를 자극해 피로를 풀어주는 효과도 있다. 몸을 숙일 때 숨을 내쉬면 몸을 더 멀리 뻗을 수 있다.

2. 성장통 완화하는 스트레칭

성장기 아이들은 갑자기 키가 자라면서 뼈의 성장과 근육 성장 속도가 맞지 않아 생기는 성장통을 호소하기도 한다. 근육과 관절을 풀어주는 스트레칭을 하면 성장통을 완화할 수 있다.

골반과 무릎 스트레칭

골반~무릎 부위에 통증이 있을 때 무릎을 눌러주는 스트레칭을 하면 통증을 완화할 수 있다.
한 동작당 30초 이상 지속하며, 3~5회 정도 반복한다.

발목 스트레칭

발목~무릎 부위에 통증이 심할 때는 무릎을 숙여
무릎 관절과 아킬레스건을 자극하는 스트레칭이 효과적이다.
한 동작당 30초 이상 지속하며, 3~5회 정도 반복한다.

운동 전 스트레칭

수영, 달리기, 걷기, 축구, 농구 등 운동을 하기 전에 가벼운 스트레칭으로 몸을 풀어주면 운동 효과도 커지고 운동 중 생길 수 있는 안전사고를 예방할 수 있다.

목 스트레칭

뒷짐을 진 자세로 천천히 목을 돌린다. 좌우 2회씩 돌린다.

팔 스트레칭

❶ 한쪽 손으로 반대편 팔꿈치를 잡아당긴다.
좌우 번갈아가며 30초씩 한다.

❷ 깍지를 낀 상태에서 손바닥이 하늘로 향하게 한 다음
팔을 쭉 당긴다. 5초씩 5회 반복한다.

등과 옆구리 스트레칭

한쪽 손으로 반대편 팔꿈치를 잡은 후
다리와 골반은 고정한 채
옆구리만 움직인다.
좌우 30초씩 2회 반복한다.

골반과 다리의 유연성을 길러주는 스트레칭

한쪽 무릎을 세우고 반대편 다리는 무릎이 땅에 닿지 않을 정도로 굽힌다. 무릎을 굽힌 쪽 다리의 발목과 종아리에 힘을 준 상태에서 30초간 자세를 유지한다. 좌우 번갈아가며 5회 반복한다.

허리와 골반, 허벅지 스트레칭

① 팔을 어깨너비만큼 벌려 벽에 기댄 후 한쪽 무릎을 굽힌다. 좌우 번갈아가며 30초씩 유지한다.

② 허리를 최대한 굽힌 후 30초간 자세를 유지한다. 2회 반복한다.

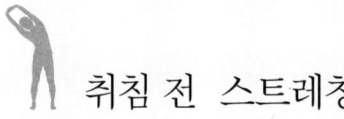 취침 전 스트레칭

자기 전에 스트레칭을 하면 피로한 근육과 관절을 풀어주어 전신의 피로를 완화하고 숙면을 취할 수 있도록 도와준다.

목 스트레칭

뒷짐을 진 자세로 천천히 목을 돌린다. 좌우 2회씩 돌린다.

팔과 어깨 스트레칭

손바닥이 바깥을 향하도록 깍지를 낀 후
팔을 잡아당긴 상태에서 30초간 자세를 유지한다.

팔 스트레칭

① 한쪽 손으로 반대편 팔꿈치를 잡아당긴다. 좌우 번갈아가며 30초씩 한다.

② 깍지를 낀 상태에서 손바닥이 하늘로 향하게 한 다음 팔을 쭉 당긴다. 5초씩 5회 반복한다.

다리 스트레칭

❶ 한쪽 무릎을 세우고 반대편 다리는 무릎이 땅에 닿지 않을 정도로 굽힌다. 무릎을 굽힌 쪽 다리의 발목과 종아리에 힘을 준 상태에서 30초간 자세를 유지한다.
좌우 번갈아가며 5회 반복한다.

❷ 한쪽 손으로 발목을, 반대편 손으로 발바닥을 잡은 후 천천히 발목을 돌린다. 5초씩 5회 반복한다.

골반 스트레칭

누운 자세에서 한쪽 무릎을 들어
양손으로 감싼 상태에서 30초간 자세를 유지한다.
좌우 번갈아가며 3회 반복한다.

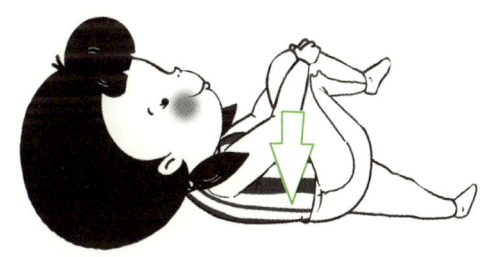

전신 스트레칭

누운 자세에서 팔다리를 쭉 뻗은 후
30초간 자세를 유지한다.
3~5회 반복한다.

4. 스트레스 없는 건강한 생활

Dr. Koh의 생활 습관 개선법

작은 생활 습관 하나하나가 쌓여 아이 몸에 나쁜 영향을 미쳐 2차성징을 앞당기거나 성조숙증을 악화시키기도 하고, 성조숙증을 예방해 건강하게 자랄 수 있도록 하기도 한다. 놓치기 쉬운 성조숙증 예방 생활 습관에 대해 알아보자.

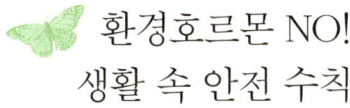
환경호르몬 NO!
생활 속 안전 수칙

환경호르몬이 성조숙증에 좋지 않은 영향을 미친다는 사실은 잘 알려져 있지만, 아이를 키우면서 환경호르몬과 무관한 환경을 만들어주는 것은 불가능에 가까운 일이다. 최소한 가정에서라도 환경호르몬과 접촉을 피할 수 있도록 최대한 신경 쓰자.

안전한 랩을 고르세요

아무리 환경호르몬이 방출될 우려가 있다고 해도 랩과 쿠킹 포일 없는 주방은 상상하기 힘들 것이다. 이미 주방의 필수품이 되어버렸지만 소중한 아이의 성장을 위해선 사용을 자제하는 노력이 필요하다. 랩, 쿠킹 포일 대신 유리 밀폐 용기를 사용하며, 꼭 필요하다면 품질표시를 확인해 비교적 안전한 제품을 고른다.

시판 음료수도 안심할 수 없어요

음료수 캔과 페트병도 환경호르몬에서 자유로울 수 없다. 물론 모든 캔과 페트병에 문제가 있는 것은 아니다. 제대로 가공해 환경호르몬이 음료수로 흘러나오지 않도록 처리한 제품도 있으니 겉면의 포장 용기를 살펴서 잘 골라 먹이는 지혜가 필요하다.

염화비닐은 피해주세요

백화점이나 마트의 식품 코너에서 판매하는 식품이나 음식물은 대부분 염화비닐 랩(PVC)으로 포장되어 있다. 염화비닐 랩과 음식물이 닿는 부분을 통해 환경호르몬이 흡수될 수 있으니 염화비닐 랩으로 포장된 음식은 가능하면 구입하지 않는 것이 좋다.

염화비닐은 장난감에도 사용된다. 플라스틱으로 만든 장난감

중에 염화비닐이 함유된 것도 많으니 꼭 원료를 살펴보고 구입하자. 폴리에틸렌(PE), 폴리프로필렌(PP)으로 만든 장난감이라면 안심해도 좋다.

스티로폼 용기는 위험해요

스티로폼의 원료인 스타이렌은 여성호르몬을 증가시켜 생식기에 영향을 미친다는 연구 결과가 있다. 스티로폼은 뜨거운 물이나 기름, 알코올 등에 닿으면 쉽게 녹는 성질이 있으니 컵라면 등 스티로폼 용기에 들어 있는 인스턴트식품을 아이에게 먹이는 것은 삼가자.

플라스틱 용기 대신 유리, 도자기를!

가정에서 흔히 플라스틱 밀폐 용기를 쓰는데, 제대로 처리되지 않은 플라스틱 용기를 쓰면 음식물에 환경호르몬이 흡수될 위험이 있다. 가능하면 유리나 도자기로 된 밀폐 용기를 쓰거나 환경호르몬 검출 실험을 마친 플라스틱 용기를 쓰자. 환경호르몬은 열을 가하면 쉽게 검출되니, 플라스틱 용기를 전자레인지에 넣거나 중탕 냄비에 넣어 열을 가하지 않도록 주의하자.

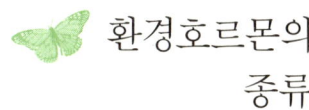
환경호르몬의 종류

환경호르몬의 종류는 여러 가지다. 환경호르몬에는 어떤 것들이 있는지, 발생 원인은 무엇인지에 대해 알아보자.

다이옥신

다이옥신은 염소 화합물을 연소시킬 때 주로 발생한다. 동물성 지방에 많이 녹아 있는데, 동물성 지방을 태운 음식물(탄 고기 등)을 통해 섭취하게 된다.

체내에 다이옥신이 쌓이면 생식기 계통에 이상이 생기는데, 남성의 정소를 위축시키고 에스트로겐과 프로게스테론의 농도를 변화시켜 여성의 생식기 계통에도 큰 영향을 준다.

DDT

유기 염소 화합물에서 발생하는 DDT는 강력한 살충 효과와 제초 효과를 가지고 있어 농약이나 제초제로 주로 사용된다. 물에 녹지 않아 토양에 축적되거나 지하수 속으로 스며든 후 농작물이나 민물고기 등에 쌓여 식탁까지 올라온다.

체내에 흡수되면 에스트로겐과 비슷한 작용을 하는 내분비계 교란 물질로 활동하게 된다.

비스페놀A

젖병이나 식음료 포장재로 주로 사용되는데 캔 용기, 병뚜껑 등 금속 제품의 코팅에도 이용된다. 특히 주석으로 만든 통조림에서도 비스페놀A의 검출량이 높은데 완두콩 통조림, 옥수수 통조림, 버섯 통조림 등 채소 통조림 속 액체에서 높은 검출량을 보인다.

비스페놀A가 체내에 흡수되면 인체는 진짜 호르몬으로 잘못 받아들여 내분비계의 이상을 초래하고 심하면 돌연변이를 유발하기도 한다. 특히 남성의 정자와 고환에 영향을 미치는데, 정자 수를 감소시키거나 심한 경우 발기부전의 원인이 되기도 한다.

프탈레이트

플라스틱을 가공하기 쉽도록 부드럽게 만들어주는 역할을 하는 물질이다. 플라스틱 제품 이외에도 유화 페인트, 잉크, 염료, 접착제, 살충제, 방충제, 비닐 바닥재 등 다양한 용도로 사용되어 빗물이나 공기를 통해 인체로 흡수되기도 한다. 1930년대부터 사용되기 시작했는데, 인체에 해롭다는 것이 알려지면서 점차 사용을 금지하는 추세다. 유럽연합(EU)에서는 1999년부터 사용을 금지하고 있다.

독성이 강해 정자의 유전물질인 DNA를 파괴하고, 임신복합증과 유산 등에도 영향을 미친다. 기형아 출산이나 내분비계 장애, 생식기 발달 장애를 일으키기도 한다.

스틸렌모노머

요구르트 병, 일회용 커피 프림 용기, 날달걀이나 소포장된 조미 김 용기, 컵라면 용기, 일회용 도시락 용기, 일회용 컵 등 식품 포장 용기와 일회용 식기류에 흔히 사용되는 폴리스틸렌에서 검출되는 성분이다. 호르몬 교란을 유발하는 원인이 된다.

안전한 플라스틱을 찾아라!

플라스틱을 환경호르몬의 주범으로 보는 경우가 많은데, 사실 모든 플라스틱이 위험한 것은 아니다.

'플라스틱=환경호르몬'이라는 고정관념이 퍼지게 된 것은 플라스틱의 일종인 PVC(폴리염화비닐)로 만든 제품 속에서 환경호르몬이 대량 검출되면서부터이다. 이 때문에 플라스틱 제품 전부가 환경호르몬의 주범인 것처럼 오해를 받게 된 것이다.

PVC는 국제 환경 단체인 그린피스에서 작성한 '환경호르몬 위험 물질 리스트'에도 언급될 정도로 환경호르몬의 위험도가 높은 물질이다. PVC는 값이 싸고 성형하기 쉬워 간단히 원하는 모양대로 만들 수 있으며 재활용도 간단해 건축자재부터 밀폐 용기, 장난감, 주사기 등 일상에서 폭넓게 사용되고 있다. 현대인의 생활 속에서 PVC를 빼면 일상을 영위해나가기 불가능할 정도로 광범위하게 사용되기 때문에 PVC에 환경호르몬이 다량 함유되었다는 사실은 많은 사람들을 충격

에 빠뜨리고 플라스틱 불신증으로 몰아넣기에 충분했다.

그런데 사실 PVC 자체에는 죄가 없다. PVC 제품 속 환경호르몬은 PVC에서 나온 것이 아니라 PVC를 부드럽게 만들기 위해 사용하는 가소제에서 비롯된 것이기 때문이다. 따라서 '부드러운 플라스틱'을 피하고 가소제가 쓰이지 않은 PVC 제품을 이용하면 환경호르몬 걱정 없이 플라스틱 제품의 편리함을 누릴 수 있다.

대표적인 '부드러운 플라스틱 제품'으로는 식품용 랩과 주방용 비닐장갑, 식품용 비닐, 유아용 젖꼭지, 플라스틱 장난감, 주사기 등을 들 수 있다. 특히 가소제는 열을 가하거나 기름과 접하면 서서히 외부로 배어나오기 때문에 혹시라도 가소제가 들어간 PVC 제품을 이용할 때는 뜨거운 물에 중탕하거나 전자레인지에 돌리고, 식용유나 참기름 등 기름을 담아두는 것은 삼가도록 하자. 뜨거운 음식을 담거나 소독을 위해 삶는 것도 해롭다.

안전한 플라스틱 PE·PP·PET

그렇다면 모든 플라스틱 제품이 환경호르몬의 위험에 노출되어 있을까? 플라스틱 제품 중에서도 PE(폴리에틸렌)나 PP(폴리프로필렌), PET(폴리프로필렌 텔레프탈레이트)는 PVC에 비해 가격은 비싸지만 부드러운 성질을 갖고 있어 가소제가 필요 없기 때문에 환경호르몬이 검출되지 않는 안전한 플라스틱 제품을 만들 수 있다.

마크를 확인하세요!

플라스틱 제품을 이용할 때 반드시 확인해야 하는 것이 제품에 사용된 플라스틱의 종류를 나타내는 표식이다.

1. 안심하고 쓰세요

식음료용 제품에 적합하도록 만들어진 플라스틱 제품에 붙는 마크다. 환경호르몬 걱정 없이 안심하고 써도 좋다.

2. 환경호르몬 위험 제품입니다

환경호르몬이 검출될 우려가 높은 제품에 붙는 것으로, 가급적이면 사용을 피하도록 권한다. 물론 음식물을 담는 데 쓰지만 않는다면 사용해도 상관없다.

3. 소재를 확인하세요

OTHER*

위의 여섯 가지 기준에 해당하지 않는 플라스틱 제품에 붙는 마크다. 이 마크가 붙는 제품 중에는 검증되지 않은 재료를 사용한 제품도 있지만, 기존의 플라스틱 원료 대신 바이오 신소재를 사용해 안전성을 높인 제품도 있기 때문에 소재를 확인해 사용 여부를 결정하는 것이 좋다. 예를 들어 밀폐 용기로 많이 쓰이는 락앤락의 제품은 신소재인 비스프리로 만들어졌기 때문에 이 마크를 확인할 수 있다.

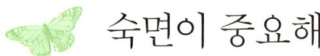 숙면이 중요해

　아이들의 잠은 열 첩 보약만큼 몸에 좋다. 성장호르몬이 가장 많이 분비되는 시간이 바로 아이들이 잠을 자는 시간이기 때문이다. 잠을 자는 동안 우리 뇌는 휴식을 취하면서 하루 동안 쌓인 피로를 푼다. 이때 깊은 잠을 잘수록 성장호르몬 분비는 더욱 활발하게 이뤄진다.
　잠을 제대로 자지 못하면 살이 찌기도 한다. 잠을 자는 동안 칼로리가 소모되는데, 수면 시간이 부족하거나 깊은 잠을 자지 못하면 그만큼 칼로리 소비가 이뤄지지 않기 때문이다. 또 잠이 부족하면 다음 날 몸이 피곤해 신체 활동이 감소하기 때문에 칼로리 소모가 줄어들기도 한다.

수면 시간이 부족하거나 많이 자더라도 제대로 숙면을 취하지 못하면 생체 시계가 교란되고 호르몬 분비에도 문제가 생겨 성조숙증으로 이어지기도 한다.

Dr. Koh가 알려주는 숙면 비법

1. 언제 잠자리에 들어도 상관없어요

요즘 아이들은 할 일이 참 많다. 숙제도 해야 하고, 책도 읽어야 하고, 텔레비전도 봐야 한다. 케이블 텔레비전에서도 심야 시간대까지 어린이 방송을 틀어주는 요즘 세상에 아이들에게 일찍 자라고 강요하는 것은 너무 가혹한 일이다.

그러다 보니 잠을 자지 않겠다고 버티는 아이와 "밤 10시부터 새벽 2시 사이에 성장호르몬이 가장 많이 분비된다"라는 말에 따라 아이를 일찍 재우려는 엄마 사이에 잠을 둘러싼 전쟁이 벌어진다.

아이를 재우기 위해 옥신각신해야 하는 수고를 덜 수 있는 간단한 해결 방법이 있다. 자지 않겠다는 아이는 그냥 두는 것이다. 꼭 시간에 얽매일 필요는 없다. 잠드는 시간도 중요하지만 그보다 더 중요한 것은 '어떻게 잠이 드는가'이기 때문이다. 아이가 기분 좋게 편안한 마음으로 잠이 들어야 숙면을 취할 수 있다. 성장호르몬 시간에 맞춰 얕은 잠을 자는 것보다 조금 늦게 자더라도 깊이, 편안하게 잠드는 편이 아이의 정서에도, 하루를 마감하는 엄마의 기분에

도 훨씬 도움이 된다. 몇 시에 잠자리에 들어야 한다는 집착보다 아이에게 안정적이고 편한 능동적 수면 습관을 들여주고, 아이에게만 자라고 하기보다 집안 식구들이 같이 잘 수 있는 분위기를 만들어줄 수 있어야 한다.

2. 침구류 선택이 중요!

　숙면을 방해하는 가장 큰 요소 중 하나가 바로 잠자리다. 잠자리가 불편하면 잠을 설치거나 깊은 잠을 자지 못하기 때문이다.
　아이가 누울 자리는 너무 딱딱해도, 너무 푹신해도 안 된다. 척추에 무리가 가기 때문이다. 적당히 푹신한 매트리스나 요를 골라 아이가 안정된 자세를 취할 수 있으면 깊은 잠을 잘 수 있다.
　이불이 두꺼우면 이불에 눌려 혈액순환이 제대로 되지 않으니 가벼우면서도 방한이 잘되는 이불이 좋다. 또 흡습성이 좋고 빨리 건조되어 자는 동안 아이가 흘린 땀을 제대로 말려줄 수 있다. 베개가 너무 높으면 목과 척추에 무리를 주니 베개를 베었을 때 목이 바닥으로 꺾이지 않고 목을 자연스럽게 받쳐줄 수 있을 정도로 신축성 있는 베개를 고르자.

3. 조명은 은은하게

　불을 다 끈 어두운 방에서 자는 것을 당연하게 여기는 부모는

아이가 잠자는 동안에도 불을 켜두길 바라는 마음을 잘 이해하지 못한다.

대부분의 아이는 어두운 곳에서 잠드는 것에 두려움을 느낀다. 잠자리에 들어 눈을 감아도 눈꺼풀 사이로 희미한 빛이 들어와야 안심하고 잠을 잘 수 있다. 이때 형광등처럼 너무 밝은 조명을 쓰면 오히려 잠이 깨는 역효과가 나기도 하며, 아이가 피로를 느껴 숙면을 취할 수 없으니 이동식 스탠드를 사용하는 것이 좋다. 전등갓이 달린 스탠드를 고르거나, 그렇지 않다면 책상이나 서랍장에 스탠드를 두어 아이 얼굴에 직접 닿지 않도록 하자.

4. 낮잠을 재워주세요

초등학교 1~2학년까지는 학교를 마치고 집에 돌아온 후 낮잠을 재우는 것이 좋다. 낮잠은 아이의 지친 뇌를 쉬게 하고 근육을 풀어주기 때문에 낮잠을 자고 난 후 집중력과 학습력이 높아지고 신체 능력도 더욱 커져 아이의 기분이 좋아지기 때문이다. 너무 오래 자면 밤잠에 지장이 생기지만 1시간 30분 정도의 낮잠은 오히려 숙면에 도움이 되고, 밤에 잘 깨는 증상을 없애는 데도 도움이 된다.

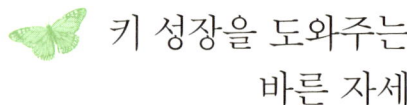 # 키 성장을 도와주는 바른 자세

성조숙증 진단을 받은 아이는 '키 성장'이라는 또 다른 고민에 빠진다. 단 1센티미터라도 더 클 수 있도록 도와주는 바른 자세를 소개한다.

나쁜 자세, 왜 나쁠까?

우리 몸에는 모두 26개의 척추뼈가 있어서 몸이 바로 설 수 있도록 도와준다. 그런데 자세가 흐트러지면 척추뼈가 엇갈리거나 휘어져 몸이 굽으면서 키가 2~3센티미터 정도 작아지며, 더 나아가 장기에 나쁜 영향을 주기도 한다.

특히 책상에 앉아 허리를 앞으로 숙이고 고개를 떨어뜨리는 자세로 공부하는 시간이 많은 아이들은 척추가 굽기 쉽다. 이 자세가 고정되면 책상 앞에서뿐만 아니라 식탁 앞이나 소파, 심지어 길을 걷거나 놀이를 할 때도 굽은 자세를 유지한다.

나쁜 자세로 몸이 굽으면 상체의 체중이 분산되지 못하고 허리로 몰려 허리 주변의 근육과 인대에 무리를 주면서 추간 디스크가 좁아져 여러 종류의 척추 질환으로 이어질 가능성도 높아진다.

키 성장 도와주는 바른 자세 만들기

바른 자세로 키를 키운다는 것은 두 가지 의미가 있다. 하나는 '진짜 키'를 키우는 것이다. 바른 자세를 습관화하면 온몸의 관절과 근육이 바로 서면서 혈액순환이 좋아지고, 성장판이 자극되며, 뼈와 근육이 좀 더 건강하게 자라날 수 있어 키가 큰다.

또 다른 방법은 '숨은 키'를 찾는 것이다. 구부정한 자세가 습관화되면 온몸의 뼈와 관절이 움츠러들면서 몸이 더 작아진다. 바른 자세는 이렇게 움츠러들었던 뼈와 관절이 쭉쭉 뻗을 수 있도록 만들어주기 때문에 숨어 있던 키를 찾을 수 있다.

자세에 따라 실제 키보다 커 보이기도, 작아 보이기도 한다. 키가 똑같더라도 허리와 어깨를 펴고 똑바로 걷는 사람은 구부정하게 걷는 사람보다 훨씬 커 보이고 당당한 인상을 준다는 점을 명심하자.

1. 바른 자세의 기본! 가슴을 펴고 고개를 세워라

가슴을 들어 펴고 고개를 될 수 있으면 세워서 턱을 약간 들면 어깨와 허리에서 힘이 빠지면서 골반이 뒤로 밀려 자연스럽게 바른 자세를 취할 수 있다. 이 두 가지 자세만 지키면 그리 어렵지 않게 바른 자세를 만들 수 있다.

2. 엉덩이는 푹신하게!

의자에 앉을 때는 앉는 면의 높이가 무릎 아래 길이와 같아야 한다. 다리가 더 길면 다리를 꼬거나 벌리게 되고, 의자가 너무 높으면 다리 자세가 불안해지면서 골반과 허리까지 영향을 미치기 때문이다.

의자의 앉는 면은 엉덩이 모양에 맞게 적당한 커브를 이룬 것이 좋고, 적당한 탄력이 있는 방석을 까는 것이 혈액순환에 도움이 된다. 아이들은 등받이가 있는 의자가 좋은데, 아이들 가슴 뒤쪽 정도의 높이까지 받쳐주면 자세를 유지하는 데 도움이 되고, 되도록 등줄기의 굴곡에 맞게 커브가 있는 등받이가 좋다.

3. 공부할 때 시선은 정면으로!

책상에 앉아 공부하다 보면 허리가 굽고 고개가 옆으로 돌아가기 쉽다. 장시간 앉아 있으면 이렇게 굽은 자세가 고정될 수 있으니 허리를 펴고 시선을 정면으로 향하는 습관을 들이자.

책상 앞에 너무 오래 앉아 있으면 혈액순환에 장애가 올 수 있으니 50~60분에 한 번씩 일어나 몸을 움직인 다음 다시 공부하도록 한다. 그리고 앉은 자세에서라도 목운동과 발목 운동을 하거나 눈을 잠시 감아 쉬는 등의 가벼운 스트레칭을 하면 근육과 인대가 풀어지고 긴장이 가라앉는 효과를 볼 수 있다.

4. 걷기만 해도 키가 큰다?

걸을 때의 자세도 중요한데, 매일 20분 이상만 바른 자세로 걸어도 키 성장에 도움이 된다.

걸을 때는 가슴을 조금 펴고 배를 위로 당겨 엉덩이가 처지지 않도록 하자. 내딛는 다리의 무릎은 가볍게 뻗고 땅을 디딜 때는 뒤꿈치부터 닿게 하는 것이 좋다. 이때 다리가 안쪽이나 바깥쪽으로 휘지 않는지 잘 살펴보자.

걸을 때 양다리의 간격은 5~7센티미터 정도가 적당하다. 목에 힘을 줘서 머리가 전후좌우로 돌아가지 않도록 하며, 시선은 정면을 향하면 자세가 똑바르게 유지되고 인상도 좋아진다. 두 손은 자연스럽게 늘어뜨려 가볍게 앞뒤로 흔들면 다리의 움직임과 조화를 이룰 수 있다.

5. 양어깨에 메는 책가방이 최고!

책가방은 양쪽 어깨에 멜 수 있는 배낭 형태의 가방을 추천한다. 그래야 책가방 무게가 고루 분산되면서 아이도 편하고 목, 등, 허리의 근육과 관절에 무리가 가지 않아 바른 자세를 유지할 수 있다. 한쪽 어깨로만 가방을 메면 가방을 멘 쪽 어깨가 다른 쪽 어깨보다 더 발달해 한쪽 어깨만 올라간 비대칭형 체형이 될 수 있으니 주의하자.

부록

우리 아이 식습관 개선
30일 식단

식단 구성 요령

식단 구성은 아침, 점심, 저녁의 3식과 점심과 저녁 사이의 간식 1회, 총 4회의 식사를 기본으로 하는데, 어린이집이나 유치원, 학교에서 급식으로 점심과 간식을 먹는다면 아침과 저녁, 2식의 메뉴를 구성하면 된다.

식단을 짤 때 가장 주의해야 할 점은 3식과 간식의 식재료와 조리법이 겹치지 않도록 하는 것이다. 아이가 다양한 음식을 골고루 먹어야만 영양 균형을 맞출 수 있기 때문이다. 또 비슷한 음식을 반복해서 먹는다거나 좋아하는 음식만 계속 주면 아이가 편식을 하거나 음식에 흥미를 잃을 수 있는데, 매끼 식재료와 조리법에 변화를 주면 편식 습관도 고칠 수 있고 미각 발달에도 도움이 된다는 장점이 있다.

성호르몬 분비를 촉진하는 식재료는?

　많은 부모님들이 아이에게 콩, 우유, 달걀, 닭고기, 조개류 등 이른바 '여성호르몬 분비 촉진 식품'을 어떻게 먹여야 할지 고민한다. 성호르몬 분비를 촉진하는 음식 대부분이 영양 면에서 뛰어나고 아이들이 매우 좋아하는 것들이기 때문에 아예 먹이지 않는다는 것은 불가능하다. 그렇기 때문에 많은 부모님들이 '어떻게', 그리고 '얼마나' 먹여야 좋을지 고민하는 것이다.

　앞에서도 언급했듯이 성조숙증이 시작되기 이전 아이라면 얼마든지 안심하고 먹어도 좋다. 단, 너무 많이 먹으면 영양 불균형이 올 수 있다는 점만 주의하면 된다. 만약 정식으로 진단을 받지 않았지만 조금이라도 불안한 마음이 있다면 하루 4회의 식사 중 각각의 식재료가 겹치지 않도록 식단을 구성해 섭취량을 조절하는 것이 좋다.

잡곡밥을 강요하지 마세요

요즘에는 영양을 더하기 위해 흰쌀밥 대신 갖은 잡곡이나 현미를 넣어 밥을 하는 가정이 많다. 물론 영양적으로는 뛰어나지만 너무 어린 아이들에게 잡곡밥, 현미밥을 강요한다면 밥을 맛없는 것이라고 인식하거나, 소화불량을 일으킬 수도 있다. 처음에는 백미에 흑미나 조, 발아 현미, 완두콩 등 아이들이 맛있게 먹을 수 있는 잡곡을 섞어주어 입맛을 길들인 다음 천천히 양을 늘려 잡곡에 익숙해지도록 하는 것이 좋다.

반찬 재료는 자유롭게 대체하세요

반찬이나 국, 찌개에 들어가는 재료는 상황이나 계절에 따라 얼마든지 대체할 수 있다. 보통 된장국에는 녹황색 채소를 넣는데, 계절에 따라 아욱, 근대, 시금치, 시래기, 배추, 봄동, 쑥 등으로 대체하면 된다.

전후 식단을 살펴 칼로리를 조절하세요

늘 맛있는 음식만 먹이고 싶은 것이 부모의 마음이지만, 세끼와 간식을 모두 양껏 기름지게 먹으면 아이가 비만이 되기 쉽다. 비만을 예방하는 건강한 식습관을 들이기 위해서는 전후의 식단을 살펴 메인 메뉴를 결정할 필요가 있다. 저녁에 칼로리 높은 음식을 먹을 예정이라면 점심과 간식을 간단하게 먹이고, 점심이나 간식 시간에 볶음밥이나 튀김류 등 기름을 사용한 음식을 먹었다면 저녁은 간단하게 먹도록 하면 된다.

우리 아이 30일 건강 식단

- ♥밥 밥이나 단품 식사류를 뜻한다.
- ♥국 국이나 찌개를 뜻한다.
- ♥주 주메뉴를 뜻한다.
- ♥부 반찬이나 부메뉴(보조 메뉴)를 뜻한다.

아침

♥밥 흑미밥
♥국 근대국
♥부 달걀말이, 멸치볶음, 콩자반, 김치

점심

♥밥 김가루주먹밥
♥국 어묵탕
♥부 총각무김치

간식 단호박찜, 우유

저녁

♥주 돼지고기간장불고기
♥밥 발아현미밥
♥국 콩나물국
♥부 시금치무침, 양배추쌈, 김치

아침

- ♥밥 발아현미밥
- ♥국 쇠고기미역국
- ♥부 연어구이, 무생채, 김, 김치

점심

- ♥밥 불고기덮밥
- ♥부 깍두기

간식 치즈스틱, 과일주스

저녁

- ♥밥 흑미밥
- ♥국 바지락순두부찌개
- ♥부 돼지고기장조림, 숙주나물, 김치

아침

- ♥밥 흑미밥
- ♥국 된장찌개
- ♥부 숙주나물, 돼지고기장조림, 김치

점심

- ♥밥 바지락칼국수
- ♥부 겉절이

간식 시루떡, 우유

저녁

- ♥주 쇠고기야채말이튀김
- ♥밥 흑미밥
- ♥국 미소된장국
- ♥부 시금치나물, 김치

아침 4일차

- ♥밥 조밥
- ♥국 콩나물국
- ♥부 시금치나물, 뱅어포조림, 달걀말이, 김치

점심

- ♥밥 해물야키우동
- ♥국 미소된장국
- ♥부 게살크림크로켓, 깍두기

간식 군고구마, 우유

저녁

- ♥주 한우버섯불고기
- ♥밥 조밥
- ♥국 바지락된장찌개
- ♥부 깻잎나물, 마늘장아찌, 상추쌈

5일 차

아침

- ♥밥 발아현미밥
- ♥국 건새우시금치된장국
- ♥부 버섯쇠고기볶음, 무생채, 김치

점심

- ♥밥 토마토치킨커리
- ♥부 브로콜리버섯샐러드, 옥수수전

간식 가래떡구이, 꿀, 식혜

저녁

- ♥주 간장찜닭
- ♥밥 발아현미밥
- ♥국 미역냉국
- ♥부 고구마샐러드, 김치

아침

- ♥밥 백미밥
- ♥국 바지락순두부찌개
- ♥부 연근조림, 시금치나물, 참치동그랑땡, 김치

점심

- ♥주 햄버그스테이크
- ♥밥 버터볶음밥
- ♥부 해시드 포테이토, 오이피클

간식 고구마맛탕, 우유

저녁

- ♥밥 강된장비빔밥
- ♥부 콩나물무침, 어묵조림, 두부부침, 김치

아침

- ♥밥 흑미밥
- ♥국 배추된장국
- ♥부 메추리알조림, 진미채, 김, 김치

점심

- ♥밥 맵지 않은 짬뽕
- ♥부 단무지

간식 떠먹는 요구르트, 제철 과일

저녁

- ♥주 돈가스
- ♥밥 흑미밥
- ♥부 양배추샐러드, 마카로니감자샐러드, 깍두기

아침

- ♥밥 흑미밥
- ♥국 콩나물국
- ♥부 감자볶음, 우엉조림, 오이소박이

점심

- ♥밥 한우볶음쌀국수
- ♥국 건새우달걀국
- ♥부 김치

간식 삶은 감자, 칠리소스

저녁

- ♥주 돼지고기 편육
- ♥밥 흑미밥
- ♥국 아욱된장국
- ♥부 비름나물, 묵은지

아침

- ♥밥 흑미밥
- ♥국 쇠고기무국
- ♥부 호박볶음, 멸치땅콩조림, 김, 김치

점심

- ♥밥 해물볶음밥
- ♥국 맑은미역국
- ♥부 깍두기

간식 단호박죽

저녁

- ♥주 쇠고기너비아니
- ♥밥 발아현미밥
- ♥국 멸치된장찌개
- ♥부 건새우마늘종볶음, 깻잎나물, 느타리버섯볶음, 김치

아침

- ♥밥 발아현미밥
- ♥국 쇠고기미역국
- ♥부 감자조림, 오이생채, 두부부침, 김치

점심

- ♥밥 메밀국수
- ♥부 옥수수감자전, 양배추김치

간식 증편, 우유

저녁

- ♥밥 치킨도리아
- ♥국 양파수프
- ♥부 브로콜리샐러드, 오이피클

11일 차

아침

- ♥밥 발아현미밥
- ♥국 김치콩나물국
- ♥부 미역줄기볶음, 달걀말이, 시금치무침, 김치

점심

- ♥밥 콩나물밥 & 달래양념장
- ♥국 쇠고기된장찌개
- ♥부 시래기무침, 김치

간식 감자튀김, 과일주스

저녁

- ♥주 삼치구이
- ♥밥 발아현미밥
- ♥국 얼갈이된장국
- ♥부 메추리알조림, 호박볶음, 김치

아침

♥밥 흑미밥
♥국 북엇국
♥부 호박볶음, 오이무침, 마늘종볶음, 김치

점심

♥밥 해산물오므라이스
♥부 브로콜리샐러드, 오이피클

간식 군만두, 보리차

저녁

♥주 돼지목살간장구이
♥밥 흑미밥
♥국 콩나물국
♥부 어묵볶음, 땅콩조림, 무생채나물, 김치

아침

- ♥밥 흑미밥
- ♥국 콩비지찌개
- ♥부 무생채, 멸치볶음, 김, 김치

점심

- ♥주 포크커리
- ♥밥 조밥
- ♥부 양상추샐러드

간식 떡볶이, 우유

저녁

- ♥주 흰살생선가스
- ♥밥 조밥
- ♥국 미소된장국
- ♥부 양배추샐러드, 옥수수볶음

아침

- ♥밥 흑미밥
- ♥국 새우젓무국
- ♥부 톳무침, 돼지고기장조림, 호박볶음, 김치

점심

- ♥밥 김치볶음밥
- ♥부 달걀지단, 나박김치

간식 감자전, 보리차

저녁

- ♥주 가자미구이
- ♥밥 백미밥
- ♥국 쇠고기된장찌개
- ♥부 고사리나물, 콩자반, 김치

아침

- ♥밥 백미밥
- ♥국 감잣국
- ♥부 돼지고기장조림, 파래무침, 진미채, 김, 김치

점심

- ♥밥 치즈김밥
- ♥국 콩나물국
- ♥부 나박김치

간식 호빵, 우유

저녁

- ♥주 데리야키연어구이
- ♥밥 조밥
- ♥국 감자달걀국
- ♥부 호박볶음, 무나물, 오이소박이, 김치

아침

♥밥 조밥
♥국 김치콩나물국
♥부 두부부침, 미역줄기볶음, 김치

점심

♥밥 토마토소스 스파게티
♥부 오이피클

간식 떡꼬치, 양념장, 우유

저녁

♥주 보양삼계탕
♥밥 찰밥
♥부 마늘장아찌, 김치

17일 차

아침

- ♥밥 팥밥
- ♥국 아욱국
- ♥부 감자전, 쇠고기장조림, 오이생채, 김치

점심

- ♥주 탕수만두
- ♥밥 비빔국수
- ♥부 무초절임, 나박김치

간식 호박전, 보리차

저녁

- ♥밥 흑미밥
- ♥국 참치김치찌개
- ♥부 파래전, 무생채, 김치

아침

- ♥밥 흑미밥
- ♥국 홍합미역국
- ♥부 두부조림, 말린호박나물, 김치

점심

- ♥밥 돼지고기짜장밥
- ♥부 총각무김치

간식 꿀떡, 우유

저녁

- ♥주 케이준치킨샐러드
- ♥밥 버터볶음밥
- ♥부 감자샐러드, 오이피클

아침

- ♥밥 콩밥
- ♥국 얼갈이된장국
- ♥부 달걀찜, 시금치무침, 우엉조림, 김치

점심

- ♥밥 떡만둣국
- ♥부 호박전, 멸치고추조림, 깻잎찜, 김치

간식 곡물 시리얼, 우유

저녁

- ♥주 돼지갈비찜
- ♥밥 발아현미밥
- ♥부 시금치나물, 가지나물, 김치

 ## 아침

♥밥 흑미밥
♥국 두부찌개
♥부 참치김치전, 고구마순볶음, 톳무침, 김치

점심

♥밥 하이라이스
♥부 깍두기

간식 핫케이크, 메이플 시럽, 우유

저녁

♥주 조기구이
♥밥 흑미밥
♥국 얼갈이된장국
♥부 오이무침, 호박볶음, 버섯잡채, 김치

아침
- ♥밥 흑미밥
- ♥국 쇠고기뭇국
- ♥부 멸치볶음, 숙주나물, 깻잎찜, 김치

점심
- ♥밥 김치말이국수, 김가루주먹밥
- ♥부 무초절이

간식 우리밀 호떡, 우유

저녁
- ♥주 삼겹살구이
- ♥밥 발아현미밥
- ♥국 우거짓국
- ♥부 감자볶음, 도토리묵무침, 상추쌈, 김치

아침

- ♥밥 흑미밥
- ♥국 김치콩나물국
- ♥부 소시지야채볶음, 무생채, 뱅어포조림, 김치

점심

- ♥주 치킨너겟
- ♥밥 야채손말이김밥
- ♥부 깍두기

간식 제철 과일

저녁

- ♥주 쇠고기야채샤부샤부
- ♥밥 조밥
- ♥부 김치

아침

- ♥밥 조밥
- ♥국 시금치된장국
- ♥부 느타리고기볶음, 새우젓호박찜, 파래무침, 오이소박이

점심

- ♥밥 야채오므라이스
- ♥부 달걀지단, 깍두기

간식 야채튀김, 보리차

저녁

- ♥주 닭가슴살데리야키
- ♥밥 흑미밥
- ♥국 시금치된장국
- ♥부 오이생채, 깻잎찜, 김치

24일 차

아침

- ♥밥 발아현미밥
- ♥국 호박새우젓국
- ♥부 청포묵무침, 새우피망볶음, 김치

점심

- ♥밥 햄버거
- ♥부 옥수수샐러드, 양상추샐러드, 오이피클

간식 피자토스트, 우유

저녁

- ♥주 고등어조림
- ♥밥 발아현미밥
- ♥국 콩나물국
- ♥부 달걀찜, 오이무침, 김치

아침

- ♥밥 흑미밥
- ♥국 순두부찌개
- ♥부 깻잎나물, 호박나물, 콩나물무침, 김치

점심

- ♥밥 나물비빔밥
- ♥국 콩나물국
- ♥부 오이소박이

간식 곡물 시리얼, 우유

저녁

- ♥주 LA갈비찜
- ♥밥 흑미밥
- ♥국 시금치된장국
- ♥부 무생채, 깻잎무침, 김치

아침

- ♥밥 발아현미밥
- ♥국 새우달걀탕
- ♥부 참치동그랑땡, 새송이건새우볶음, 무생채, 김치

점심

- ♥밥 김가루주먹밥
- ♥국 버섯들깻국
- ♥부 깍두기

간식 달걀샌드위치, 우유

저녁

- ♥주 쇠고기야채무쌈말이
- ♥밥 발아현미밥
- ♥국 애호박된장찌개
- ♥부 무생채, 오이생채, 야채전, 김치

아침

- ♥밥 콩밥
- ♥국 콩가루시금치된장국
- ♥부 두부조림, 감자볶음, 김무침, 김치

점심

- ♥밥 궁중떡볶이
- ♥부 당면콩나물무침, 오이소박이

간식 양송이수프, 마카로니샐러드

저녁

- ♥주 고구마찜닭
- ♥밥 콩밥
- ♥국 미역국
- ♥부 달걀말이, 시금치나물, 김치

아침

- ♥밥 흑미밥
- ♥국 시금치된장국
- ♥부 콩나물무침, 갈치조림, 감자볶음, 김치

점심

- ♥밥 야채유부초밥
- ♥국 멸치김칫국

간식 찐고구마, 우유

저녁

- ♥주 과일탕수육
- ♥밥 콩밥
- ♥국 감잣국
- ♥부 도라지오이무침, 무생채, 백김치

아침
- ♥밥 콩밥
- ♥국 쇠고기맑은장국
- ♥부 시금치나물, 뱅어포조림, 달걀찜, 오이소박이

점심
- ♥밥 브로콜리옥수수볶음밥
- ♥국 미소된장국
- ♥부 깍두기

간식 떠먹는 요구르트, 제철 과일

저녁
- ♥주 훈제오리구이
- ♥밥 조밥
- ♥국 감잣국
- ♥부 근대나물, 두부조림, 미나리무침, 김치

 **아침**

♥밥 보리밥
♥국 된장찌개
♥부 두부조림, 부추전, 멸치볶음, 무생채, 김치

점심

♥밥 돈가스덮밥
♥국 미소된장국
♥부 깍두기

간식 호박전, 보리차

저녁

♥주 꽁치구이
♥밥 흰밥
♥국 시금치된장국
♥부 가지나물, 오이생채, 김치